Dale like al amor

CARMEN MUÑOZ

Dale like al amor

Edición de
Xaviera Ramírez

Grijalbo

El papel utilizado para la impresión de este libro ha sido fabricado a partir de madera
procedente de bosques y plantaciones gestionadas con los más altos estándares ambientales,
garantizando una explotación de los recursos sostenible con el medio ambiente y beneficiosa para las personas.

Dale like al amor

Primera edición: septiembre, 2021

D. R. © 2021, Carmen Muñoz

D. R. © 2021, derechos de edición mundiales en lengua castellana:
Penguin Random House Grupo Editorial, S. A. de C. V.
Blvd. Miguel de Cervantes Saavedra núm. 301, 1er piso,
colonia Granada, alcaldía Miguel Hidalgo, C. P. 11520,
Ciudad de México

penguinlibros.com

D. R. © 2021, Xaviera Ramírez, por la edición
D. R. © 2021, Ana Paula Dávila, por el diseño de interiores

ISBN: 978-607-319-925-4

Impreso en México – *Printed in Mexico*

Índice

Para mis amores del amor, Cosette y
Juan Ángel, por ser mi inspiración.

Prólogo

Quiero comenzar estas líneas felicitando a mi querida Carmen Muñoz, no sólo por presentarnos *Dale like al amor*, un libro perfectamente bien documentado, sino también por haberlo enriquecido con su visión tan apasionada de la vida. Leer estas páginas y compartir con ustedes estas palabras me ha hecho sentirme increíblemente agradecido. 🙏

Muchas veces pensamos que "sabemos" algo porque según nosotros tenemos clara la teoría, porque la hemos escuchado miles de veces, tanto que se convierte en paisaje. Pero entender que son los hábitos y las acciones diarias los que le dan significado a "amarse a uno mismo", a autocuidarse y a autoconocerse... te hace preguntarte si realmente estás tomando las mejores decisiones.

Un libro como este es una invitación a hacer una pausa y resignificar las cosas, de ser honesto con uno mismo y atreverse a tocar fibras sensibles y replantear qué historia nos estamos contando a nosotros mismos de nuestra vida y cómo nos la estamos contando.

Después de leer el libro entendí que darle like al amor significa tomar una decisión de vida, elegir una lógica desde la cual te vas a mover. Cuando escoges darle like al amor, te estás poniendo a ti mismo como prioridad; desde ahí uno puede ser genuino y al mismo tiempo compartir y llegar a acuerdos en santa paz.

La vida nos pone en los lugares donde tenemos que estar, estoy seguro de que Carmen tenía que conocer todas esas historias y vivir de la mano de la gente todas esas experiencias para poder compartir con nosotros hoy el resultado de todo ese aprendizaje, que sólo se obtiene con horas de vuelo en ser una excelente comunicóloga, una mujer increíblemente valiente y un ser lleno de amor y sabiduría.

Gracias, Carmen por recordarme de manera tan estructurada lo que de alguna manera necesitaba repasar para darle una nueva interpretación según la persona que soy hoy, gracias también por toda esa nueva información que me ayudó a darme cuenta en qué cosas todavía la sigo !·%&/ y, más que nada, gracias por darme mejores herramientas para llevarlas tanto a mi relación como a mi manera de relacionarme conmigo mismo y con los demás. Merecemos un mundo con gente más feliz y más plena, y libros como este, facilitan el camino. Yo, pero más que nada mi esposa, te lo agradecemos mucho.

Capi Pérez
@elcapiperez

¿Cómo empezó esta historia?

¡**H**ola! Soy Carmen Muñoz, conductora de televisión, conferencista, mamá, pareja y escritora de este libro que tienes en tus manos. Me emociona compartir contigo estas páginas, las cuales deseo que puedan guiarte en tu camino hacia la relación amorosa que siempre has soñado.

Aquí te contaré mis propias experiencias y también todo lo que escuché y aprendí sobre amor y desamor, historias que me contaron aquí y allá, en los programas en vivo o fuera del set. Y créeme, luego de catorce años como conductora en *Diálogos en confianza*, todos los viernes de pareja, y tres años y medio en *Enamorándonos*, los relatos son muchos y muy variados.

Debo decir que cada programa fue una gran lección de vida. Fue muy enriquecedor conocer, entrevistar, escuchar y aprender de los especialistas en relaciones de pareja, leer por mi cuenta sobre estos temas. Aunque esto me confrontó muchas veces con mis creencias, con los ideales que tenía sobre el amor. Incluso, cuando estábamos en los programas en vivo, llegué a darme cuenta de que todos idealizamos tanto al amor que pocas veces estamos dispuestos a vivir frustraciones y desencuentros. Tiempo después comprendí que enfrentar y resolver los conflictos es llegar a acuerdos, los cuales son la base para una relación amorosa gratificante.

Y es que estos asuntos nos tocan a todos. En mi caso, no fue fácil ni para mí ni para Juan Ángel, mi pareja. Cuando me ponía crítica con él, en broma me decía: "¡Ay, ya vas a hablar como los de tu programa!" Y de forma similar les ocurrió a mis compañeros de trabajo. Digamos que saber más sobre relaciones amorosas nos puso en jaque con nosotros mismos y con nuestras respectivas parejas.

Recuerdo la intensidad de las juntas de planeación, todos platicábamos sobre cómo nos iba en "la feria", las muchas dudas que teníamos respecto a nuestras vivencias: ¿debería de comprometerme con alguien?, ¿será que vamos por buen camino?, ¿cómo le hago para sanar el corazón roto? Cada tema era un desafío para todos, no sólo porque queríamos transmitir buenos contenidos a un público siempre demandante, sino porque día a día nos tocaba encontrar –cada quien desde su trinchera– una mejor forma de amar, de comprendernos, de acompañarnos.

No soy una experta, pero sí tengo mucho que decir sobre eso que llamamos amor. ¿De cuál amor hablo? Creo que el más importante es el que nos tenemos a nosotros mismos, porque para enamorarnos desde el bienestar y la gratitud es necesario querernos. El amor propio es clave para construir una relación de pareja. Mi finalidad es muy simple y no tanto: quisiera que antes de enamorarte perdidamente de alguien te enamores "perdidamente" de ti, sin dejar de mirar a los demás, sin que te dejen de importar y haciéndolos parte de tu recorrido, de tu crecimiento personal, de tu proceso amoroso. Comparte con aquellos que te ayudan a transformarte, que te apoyan y que te quieren bien.

Escribí este libro para que te hagas muchas preguntas, para que te cuestiones constantemente cómo ves el amor, qué esperas de tus relaciones y qué esperas de ti. Escuchar cada semana a la gente que generosamente nos abría su corazón y nos contaba sus inquietudes me confirmó que cada uno tiene una historia de amor que no se parece a ninguna otra. Cada pareja, cada persona, tiene una forma distinta de ver el mundo y de enfrentarlo. Así que las recetas para tener un buen amor no existen. Pero las historias de los demás nos ayudan a espejearnos, a identificarnos y, en el mejor de los casos, hasta conseguimos resolver aquello que nos lastima. Escuchar a los demás nos toca, nos hace mirar hacia dentro.

Podría decir que mi mayor enseñanza, tanto en *Diálogos en confianza* como en *Enamorándonos*, fue saber que lo más importante es hacernos cargo de nuestros conflictos de pareja y no culpar siempre al otro de lo que no nos gusta; alimentar nuestra autoestima con nuestros propios logros y construir relaciones equitativas en las que el cuidado, el respeto y la ternura sean el eje central de nuestros vínculos.

Te propongo que seas tú la persona número uno en tu lista de prioridades, que te ames y te disfrutes tanto como te gustaría que alguien más lo hiciera. La ventaja es que esto depende nada más de ti.

1

¡Date like!

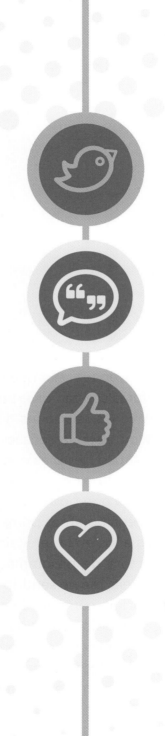

#Yo
#FollowMe

Enamorarnos es una aventura. Aunque hay que decir que no todas las aventuras son tan divertidas como las imaginamos. Es posible que las relaciones no sean lo que esperamos y nos quedemos con la sensación de que perdimos nuestro tiempo, pero lo cierto es que cada experiencia cuenta y sirve para conocernos mejor. Enamorarnos es una de las mejores decisiones que podemos tomar; el paso inicial para elegir bien es enamorarnos primero de nosotros.

A lo largo de estos años en la televisión, en los que he sido orgullosa conductora de programas que se enfocan en las relaciones de pareja, me he sentido cercana a la gente que con generosidad ha compartido su historia, ya sea de épicos romances o de dolorosas rupturas, por redes sociales, por mensajes personales, en las breves pláticas que se dan entre el ir y venir en los foros y, claro, también en las conversaciones íntimas con amigos y amigas muy cercanos que han confiado en mí. Mi trabajo me ha permitido saber más sobre estos temas del amor, que han estado presentes en mi día a día, y la verdad ¡nunca me imaginé que aprendería tanto!

Aunque no soy una especialista en el romance y en los corazones rotos, mi acercamiento con los expertos, los no expertos, los televidentes, los que me siguen y mi gente más allegada me ha enseñado cosas que ni yo misma pensé que me fueran a marcar, no sólo en lo laboral, también en mis propias relaciones amorosas.

He comprobado que estar en pareja nos transforma para bien o para mal, porque nos enseña cosas sobre nosotros mismos. ¿No te ha pasado que más de una vez descubriste que eras capaz de superar adversidades que ni sabías que podías enfrentar?

Quiero compartir algo de lo que yo he aprendido en estos años, sobre todo, la importancia que tiene hablar de nuestras emociones y de todo eso que sentimos cuando nos enamoramos. Quiero poner énfasis en cómo es sentirlo desde lo individual y preguntarte varias cosas con el fin de que te vayas conociendo más, de que el encuentro con otro sea una mejor experiencia y ésta se refleje en un buen encuentro contigo mismo.

Cuando estamos en una relación, casi nunca nos cuestionamos sobre algunas señales que nos pueden alertar de que algo quizá no va bien. La verdad es que dejamos de vernos porque en medio del enamoramiento nos volvemos distraídos: es como si viviéramos en una nube, es estar un poco en la locura, y por lo mismo llegamos a olvidar nuestros planes personales o terminamos cediéndole a la pareja nuestros espacios y nuestro tiempo.

Te propongo que nos demos todos los likes que necesitemos y queramos. Sin pena, vamos a darnos todos esos piropos y porras que muchas veces creemos que nos los tenemos que ganar, o peor, que por ellos tenemos que dar algo a cambio, y sólo así alguien más nos podrá amar. ¿No te gustaría ser tu propio fan?

Eso sí, no es una cosa tan fácil como decir que te vas a mirar en el espejo y de inmediato te vas a gustar. Al contrario, puede ser que de pronto te enfrentes a monstruos que ni siquiera sabías que vivían contigo; pero se trata de hacer algo con ellos: puedes entenderlos, cambiarlos o amarlos y aprender a convivir sin que sea doloroso y sin miedo. Aceptarnos es también aceptar nuestras partes oscuras sin dejar de lado aquellas divertidas y agradables que también somos.

Antes de continuar, debo advertirte: a lo mejor no consigues una pareja ideal… Bueno, ya no digamos ideal: a lo mejor ni consigues una pareja o quizá te das cuenta de que lo tuyo lo tuyo es la soltería. De cualquier forma, verás que conocerte es una gran experiencia que te ayudará a entablar relaciones con menos sufrimiento y, sobre todo, más reales. De eso se trata, de darnos todos los likes, porque al final de cuentas, la opinión que más importa es la que tenemos de nosotros mismos.

Por lo menos en teoría así es. Porque más fácil que conocernos profundamente suele ser aparentar, para que los demás nos aplaudan y nos hagan sentir valiosos. Muchas veces le damos a la pareja el papel de animador oficial número uno; sin decirlo, esperamos y exigimos que se convierta en nuestro soporte y porrista incondicional. Por eso sospecho que estamos entendiendo mal el amor y nos estamos yendo por la fácil: esperar que sea alguien más quien nos dé todos los *me encanta* que no podemos darnos.

Es como cuando nuestras redes sociales se convierten en la proyección de un personaje que creamos para ser aceptados, pero que poco tiene que ver con nuestra realidad. Fíjate: cada vez que usamos nuestras redes sociales, lo hacemos con la finalidad de ser aceptados y, claro, también de conectarnos. En nuestro perfil de Facebook posteamos nuestras opiniones y una infinidad de memes para obtener alguna reacción, y si nos pasamos a Instagram, la galería de vanidades es monumental. Lo cierto es que no nos tomamos fotos mientras trapeamos, nos preparamos el desayuno o estamos recién levantados… o si lo hacemos, requerimos meterle mucha producción: ¿qué chiste tendría si nos mostramos tal cual somos? ¿Será que nos da miedo espantar a los demás con nuestras costumbres o con la cara deslavada?

#DameLike
#DimeQueSí
#Apruébame

Vivimos conectados, y los likes ya no son sólo pulgarcitos arriba que dicen *¡me gusta!*: ahora tienen un valor social, afectivo, emocional, psicológico y hasta monetario, porque la aprobación en las redes sociales nos da un estatus privilegiado. Contar con muchos seguidores o cierto número de likes no sólo habla bien de nosotros: también nos hace sentir muy especiales.

Está comprobado que entre más likes recibimos nos sentimos no sólo más aceptados, sino también experimentamos sensaciones de recompensa, ya que los circuitos cerebrales vinculados al placer se activan de la misma manera cuando probamos un chocolate que cuando recibimos los *me gusta* deseados en alguna fotografía o algo que escribimos.

> Si nadie nos pela, a lo mejor es momento de aplicar el autolike. ¿Tú qué harías? Porque ser ignorados es como desaparecer socialmente, ¿no crees?

Pero ¿qué pasa si no le damos a la cifra esperada? Podemos frustrarnos muchísimo, sentirnos angustiados o empezar a hacernos preguntas que nos lastiman: ¿me veré muy mal en la foto?, ¿lo que dije fue una tontería?, ¿por qué no se están riendo de mi chiste? Y es algo que nos pasa a todos, tengas un millón de seguidores o 100. Incluso hay quienes deciden eliminar sus publicaciones si no alcanzan los números que esperan.

Yo misma me llego a cuestionar: "¿Qué contenido les gustará más a mis *followers*?". No podemos negar que el reconocimiento de los demás es importante, pero no tanto como la perspectiva que tenemos de nosotros mismos. Las fotografías no sólo muestran cómo nos vemos, sino cómo nos sentimos, y aunque lo podemos fingir, en el fondo no podemos mentirnos.

La cuestión aquí es que hay reglas no escritas que seguimos en nuestra vida *online*, y una de ésas es que por ningún motivo nos damos autolike, porque en general se trata de que sean otros quienes nos aplaudan. Pero ¿y si lo empezamos a hacer? ¿Y si dejamos de dudar sobre cómo nos vemos y lo que decimos? Cierto, no es una cosa tan fácil, pero ya nos iremos quitando las penas y anularemos todas esas reglas que muchas veces nos hacen sentir más tristes que aceptados.

¿Y por qué tristes? Hago la pregunta porque en casi todos los sondeos que armábamos para los programas, la mayoría de los que respondían nos decían que muchos likes los hacían sentir felicidad, más que aprobación, y si esto no ocurría, la percepción era la de no ser parte de un grupo, de estar fuera de lugar.

En un comentario que recibí cuando hice un programa sobre amor en internet, Ximena, que a sus 30 años la estaba pasando muy mal porque sentía que no tenía lo que deseaba, escribió:

Yo era súper fan de postear y hacerme fotos. Me encantaba decir que era soltera y no sola. Me gustaba ser reconocida por mis contactos aunque no tuviera más de 1 200, o sea que famosa e *influencer* pues no era, pero me gustaba sentir cómo llegaban todos esos *me encanta* cuando escribía mi opinión sobre algo. Pero me tuve que ir por un tiempo de Facebook porque de pronto muchos de mis amigos y gente que ni conocía empezaron a poner fotitos muy lindas sobre sus compromisos con las típicas frases de "ya dijo que sí" o "por fin me comprometí con el amor de mi vida", y narraban sus viajes en globo o se fotografiaban con enormes carteles que decían "te amo". Pensaba que era súper cursi, súper fuera de moda, súper ridículo y que nada tenía que ver conmigo. Hasta que llegué a cansarme de ver todo eso y me di cuenta de que sentía envidia, una envidia bien fea, ¡hasta odiaba a mis amigas! Y luego me sentía muy mal. Creo que es porque se supone que te tienes casar ya por ahí de los 30 y yo no tenía ni pa' cuándo ni con quién. Todavía no regreso a postear como antes, aunque me daba gusto que me reconocieran por lo que decía. Yo quería que me felicitaran por tener una pareja, porque de alguna manera siempre me vendí como inalcanzable… Quería demostrar que no es que estuviera mal, que por ahí había alguien que se moría por mí y también me iba a dar mi paseo en globo. Pero pues no, todavía no llegan ni las flores que espero cada vez que cumplo años.

¿A poco no más de una vez hemos deseado lo que los otros tienen: desde una relación amorosa hasta el trabajo perfecto? Y es que estamos tan metidos en todo lo virtual que muchas veces nos esforzamos demasiado por mostrar la buena cara de nuestra vida, porque no nos gusta hablar de lo cotidiano, y nos convertimos en un personaje irreal para ser valorados.

> **¿Cuántas veces somos realmente honestos con nosotros mismos? Ser admirados puede convertirse en algo adictivo que nos motive, por un lado, a buscar otras maneras de superarnos a nosotros mismos, o por otro, el lado negativo, a vivir para los demás esperando su reconocimiento permanentemente.**

Como Ximena, es posible que no nos demos cuenta ni de qué necesitamos ni de qué es lo que queremos. Es posible que vivamos esperando el amor, pero hacemos como que en realidad no lo queremos; es una máscara que usamos a lo mejor para sentirnos más atractivos o inalcanzables. Pero esto que muestro a los demás ¿corresponde con lo que realmente quiero para mí?

#TodosMenosYo
#DimeQueNoMeVaya

Hay dos elementos que muchas veces ignoramos o damos por hecho que están ahí, que nos impactan día a día, pero simplemente no les prestamos atención: el autocuidado y el autoconocimiento. ¡Espera, no sueltes el libro! No son sólo conceptos que usan los especialistas; son herramientas que, si aprendemos a usar, nos pueden servir para adelantar mucho y ver qué pasa con nuestras relaciones afectivas.

El autoconocimiento es profundizar en quiénes somos y qué necesitamos. Muchas veces nos cuesta alejarnos de situaciones, trabajos, personas o relaciones que nos hacen daño porque no sabemos identificar qué es lo que sentimos. Podemos experimentar confusión: "¿Será que me estoy equivocando?". Otras veces, no sabemos manejar nuestras frustraciones y pensamos que se trata de algo externo, cuando el problema quizá viene de nosotros, pero ¿cómo es posible que no lo podamos ver?

Yo muchas veces no me lo pregunté, pero llegó un momento clave en el que tuve que tomar decisiones y profundizar en qué era lo que quería. Y, créeme, a todos les llega ese momento clave. Así le pasó a una muy querida amiga. Le ofrecieron una oportunidad de trabajo en otro país y tuvo que terminar con una relación, decidir entre su pareja o su carrera. Ella se lo planteó así, como si fuera una decisión que cambiaría su vida, y sin darse cuenta de que estaba construyendo su historia.

Ella esperaba que él le dijera: "No te vayas, quédate a mi lado", pero no sucedió así. Muy tranquilo él le dijo: "No, pues sí, si te tienes que ir, vete". En el fondo ella pensaba: "¡Dime que no me vaya!". Al inicio ella se sintió mal, pero con el tiempo se dio cuenta de que había tomado sus propias decisiones y de que éstas tenían que ver mucho con seguir sus sueños… y lo consiguió. Tuvo que mirarse y aceptar que todo lo que ella se había imaginado sólo estaba en su cabeza, que la vida era otra y que quería seguir adelante, haciendo todo lo que ya había pensado y para lo que había trabajado.

> **El amor no lo podemos exigir, no lo podemos pedir, no lo quitamos y no lo castigamos; viene de nosotros, sólo que no siempre podemos identificarlo.**

Debemos entender que nuestro valor no se mide en los logros que tenemos, las medallas que hemos ganado o los diplomas que colgamos. Éste parte del autoconocimiento, porque es así como identificamos nuestras fortalezas y nuestras debilidades, ponemos límites sobre lo que nos gusta o lo que no nos gusta y definimos lo que queremos hacer sin depender de lo que otras personas quieran.

Para identificar el bienestar o el malestar no sólo basta con conocernos, sino también con cómo nos cuidamos, es decir, qué tanto nos escuchamos y nos ponemos en primer lugar. Se trata de saber qué es lo que necesitamos, cómo nos alimentamos, cómo atendemos y consentimos nuestro cuerpo… ¡Y atención aquí! Debemos dejar de lado el discurso simplista que dice que cuidarse es igual a ir al gimnasio todos los días y tener una dieta balanceada. El autocuidado implica muchas más cosas como, por ejemplo, procurarnos espacios propios, vivir desde el gozo o aprender algo que nos dé satisfacción. También tiene que ver con saber decir "no". ¡Cuánto trabajo puede costarnos decir "no"! Sobre todo cuando de relaciones amorosas hablamos.

Me he dado cuenta de que descuidamos lo que queremos al no poner límites ni establecer prioridades. ¿Crees que se trata sólo de negarte a hacer algo que no quieres? En realidad, en cuestiones del amor, decir "sí" a todo suele parecer una muestra de compromiso y de entrega, pero estamos dejando de lado otro amor: el amor a nosotros mismos y nuestros compromisos.

Así lo entendía Ruth, una de las chicas que me contaba que para ser una novia perfecta hay que estar disponible siempre:

No sé decir "no". Ni lo sé decir y tampoco me gusta. Lo que más disfruto de estar en pareja es dejarme llevar, ponerme en las manos de mi novio, dejar que sea él quien lleve las riendas de la relación. Cada vez que tengo un novio, me gusta darlo todo, y eso a veces afecta mi vida social porque, la verdad, prefiero salir con mi chico que ver a mis amigos. Por eso pospongo planes, cancelo proyectos y, eso sí, lo que más extraño es salir a bailar, eso sí me encanta, pero si a mi novio no le gusta tanto, entonces yo me adapto.

¿Cuántas veces dejamos de cuidarnos para cuidar a alguien más? No es que esté mal cuidar a otros; lo malo es que muchas veces caemos en nuestro propio descuido y nos dedicamos exclusivamente a complacer a los demás.

Cuando estamos enamorados deseamos estar con la otra persona todo el tiempo, pero es necesario tener un espacio para nosotros, para atendernos, para cuidarnos, para saber qué necesitamos y qué deseamos, para trabajar por lo que queremos. ¿Por qué es tan fácil enamorarnos de alguien más y no hacerlo de nosotros mismos?

> **El autocuidado y el autoconocimiento nos dan conciencia sobre nuestros objetivos, motivaciones y realidades; nos permiten construir nuestros proyectos y decidir si los queremos compartir o no.**

Si no tenemos claro lo que somos, entonces nos volvemos inseguros y esperamos que sean otros quienes nos valoren y nos aprueben continuamente, no sólo por medio de likes, sino también a través de nuestros vínculos personales.

¿Puedes identificar cuáles son las necesidades que tienes? ¿Sabías que una de las más fundamentales es sentirnos escuchados? A esto me refiero con ponernos atención. Sí, hay que estar conectados y mantenernos comunicados, valorar los likes que nos hacen sentir bien, pero ¿qué otra cosa necesitamos para sentirnos plenos y completos sin una pareja de por medio? ¡Debemos establecer una relación de confianza y amor con nosotros mismos!

#PorQuéAMí
#LaVidaSinLikes

¿Te ha pasado que buscas la aprobación de las personas equivocadas? Ya sabes, como cuando piensas que no es que no sepas convivir en pareja, sino que te topas siempre con los mismos errores y terminas sintiéndote peor que cuando no tenías a alguien en tu vida. El "¿por qué a mí?" se convierte en una frase constante y no le vemos salida a las relaciones tormentosas. Digamos que ya aprendiste a decir "no", pero no sabes a quién decírselo. ¡Es tan fácil que nos equivoquemos al elegir!

En las historias que me ha tocado escuchar, está la de una chica que nos pidió contar su caso de manera anónima, y es que nos dijo que terminar una relación de años no le fue nada sencillo. A veces necesitamos ayuda profesional que nos muestre otros caminos, pero ¿cómo le hacemos si estamos en medio del dolor? ¿Qué pasa si el que te da los *me gusta* también te da los *me enfada*?

Estuve en una relación en la que terminé y regresé varias veces. Teníamos 14 años saliendo y fue entonces que decidimos vivir juntos. Fue hasta esa convivencia diaria en la que me di cuenta de que él me maltrataba verbalmente, y ya me tenía aislada, no convivía con mis amigas ni con mi familia, por eso decidí ir a terapia. Yo le daba casa, vestido y comida para que me amara y él me exigía que le diera más. Pero me lastimaba con cosas como "estás gorda", "tu trabajo es horrible", "a ti nadie te va a querer, sólo yo", "tienes que limpiar la casa", etcétera. Me costó mucho que se fuera de mi casa, incluso me dijo que cómo me atrevía a dejarlo sin hogar y que mejor me proponía que fuéramos *roomies*. Pero en la terapia me dieron muchas herramientas para lograr no caer otra vez en sus manipulaciones. Con todo y la ayuda que ya recibía, yo regresaba siempre. Cuando éramos niños él era el más listo de la escuela y creo que tenerlo me hacía sentir bien. Pero en realidad, eso no vale la pena cuando te tratan mal y te usan como banco emocional y económico.

Hay dos formas de ver el amor: la primera es como un sentimiento que surge de nosotros y la segunda es como nos han dicho que es. ¿Y cómo nos han dicho? Pues básicamente que se trata de entrega y sacrificio. Esa forma de concebirlo es más bien un sistema de reglas, comportamientos y roles que aprendemos conforme crecemos.

Y no, no es necesario que lo escuchemos de nuestros padres como una imposición; es decir, no nos dicen: "Tienes que aguantar humillaciones porque así es amar", sino que lo aprendemos de lo que vemos y escuchamos en las canciones, en las novelas o en las películas de amor romántico.

Nuestra educación emocional también está en internet. ¿Has visto esos videos de parejas que se graban haciéndose bromas muy pesadas? ¿O aquellos en los que se "ponen a prueba" los celos de la pareja mientras un audio anónimo reproduce la voz de un tercero que aparenta estar inmiscuido en la relación? Es más, algunas de las aplicaciones que más se anuncian son aquellas con las que puedes espiar a otra persona, que prometen darte la ubicación en tiempo real de tu pareja. ¿Por qué necesitamos tener el control sobre el otro?

Todos estos entornos determinan nuestra educación emocional, y por lo mismo suponemos que hay que sufrir para amar. Dejemos de ver el amor como un pesado y complejo sistema de creencias y comportamientos. El amor no se demuestra en una boda; en realidad se trata de algo mucho más profundo. El amor no nos lo tiene que dar otra persona; el amor no se regala, ni se quita, ni se castiga, ni se pone a condición. El amor proviene de nosotros mismos.

¿Has escuchado que hay personas que dicen que el amor les da miedo? En realidad, no se trata de amor, sino de las expectativas que tenemos sobre éste y de lo que esperamos de la otra persona.

Identificar qué es lo que nos hace falta es un primer paso para saber qué tipo de ayuda necesitamos, pero también para reconocer qué es lo que más nos gusta de nosotros, a lo que casi nunca le prestamos atención. Por ejemplo, podemos ser deportistas y tener un cuerpo fuerte, o tener habilidades manuales, o ser muy creativos, pero a veces no es suficiente para darnos ese like que necesitamos y estamos en espera de que sean los demás quienes lo vean.

Creemos que las emociones nos hacen vulnerables. Nos mostramos como personas fuertes y enteras emocionalmente o construimos alrededor de nosotros una coraza. ¡Y esas corazas son tan dañinas a la hora de hablar de amor a otros! Al final, quien se queda más herido es uno mismo. Es tanto lo que ocultamos que ese blindaje ni siquiera nos permite darnos cuenta de qué es lo que realmente sentimos.

Un amigo, por ejemplo, tuvo una ruptura amorosa, de esos primeros truenes que duelen mucho. En ese momento se sintió muy triste. Lo más lógico para él fue buscar a un psiquiatra, quien, lejos de ayudarlo, agravó la situación porque le dio antidepresivos que no necesitaba y que lo hacían sentir peor. Y es que, en el fondo, el aprendizaje más importante para él fue entender que dejar a una pareja es vivir un duelo, que hay pérdidas que simplemente tenemos que experimentar.

No digo que no ayuden los psiquiatras o los terapeutas, ¡claro que sí! Pero por eso hay que identificar cómo nos estamos sintiendo, qué es lo que podemos necesitar en medio del dolor de una ruptura y hacernos de aliados que nos acompañen, nos cuiden y nos escuchen.

Claro, es mejor atravesar estas pérdidas con algún profesional, pero también es necesario no tenerle miedo a lo que sentimos: transitar el proceso de la ruptura es indispensable, además de que es bueno abrazar nuestras perdidas y saber que son parte de la vida. Si vamos bien nutridos de amor propio, la elección de pareja será más acertada y podremos construir relaciones sanas.

Actualmente, se cree que somos parte de una generación que se preocupa más por uno mismo que por profundizar en una relación con otra persona.

> **Amarnos no quiere decir que nos olvidemos del mundo y dejemos de vincularnos; al contrario, se trata de conocernos mejor para establecer mejores relaciones con los demás.**

No te preocupes si no tienes una pareja. Es cierto que estar en una relación puede ser interpretado como un logro de vida, pero no siempre lo es para todos, ¡y está muy bien si es algo que decidimos no buscar porque así lo queremos!

La historia narrada por la chica anónima quizá se relaciona con todos los cuentos de lo que nos dijeron que teníamos que desear: el amor es algo por cumplir o tenemos que juntarnos y hacer vida en pareja. ¿Crees que se trata de tachar objetivos? A lo mejor son objetivos que ni siquiera tienes ganas de cumplir. ¿Te lo has preguntado?

Muy frecuentemente lo llegamos a mezclar todo y creemos que amar se trata de un sacrificio por el otro, y al mismo tiempo le pedimos a nuestra pareja que nos dé aquello que necesitamos: amor, comprensión, afecto, estabilidad y una larga lista de peticiones. Pero eso que exigimos del otro en realidad es lo que nos hemos negado a nosotros mismos. Y justo así lo comprendió Grisel:

Pues ahí tienen que fui a mi segunda sesión de terapia. Mi asunto era que no podía concretar una relación y que estaba de chavo en chavo buscando lo mismo, pero al final todo fracasaba. Gabriela, mi terapeuta y la mejor en el mundo, me pidió que, a manera de deseos, pidiera tres cosas que debía tener mi pareja ideal, y pues me arranqué. Pedí que fuera detallista, que fuera muy guapo y que me cuidara. Ella entonces me preguntó: "¿Eres detallista contigo? ¿Te sientes muy guapa? ¿Te cuidas a ti misma?". Y me quedé muy sorprendida porque nada de eso lo hago conmigo. O sea, sí, me siento guapa, pero no mucho; me doy detalles, pero no son cosas positivas, porque siempre se trata de comida o de fomentar mis malos hábitos. Finalmente, tuve que aceptar que no es que me cuidara tanto como quería que una pareja me cuidara. Me cayó el veinte de que mucho de lo que pedía eran cosas que yo misma no me daba, y entonces aprendí que las carencias se reflejan en lo que pedimos de nuestra pareja.

Vamos a dejar de preguntarnos "¿por qué a mí?" y comencemos a cuestionarnos por qué elegimos a quien elegimos. Quizá encontremos más respuestas de las imaginadas y seamos capaces de ver que aquello que deseamos es algo de lo que nos privamos, un descuido propio que muchas veces ignoramos por estar atorados en lo que nos dijeron que tenemos que esperar de otra persona, pero no de nosotros mismos.

Te propongo que ahora hagamos el ejercicio de Grisel. Estoy segura de que vamos a descubrir mucho de lo que queremos y de lo que pensamos que nos hace falta.

1. Pensemos en tres características que buscamos en una pareja.
2. Ya que las tengamos muy bien ubicadas, preguntémonos si nosotros cumplimos con eso que pedimos.
3. Si es algo que no tenemos, ¿por qué esperamos que sea otro quien cubra esas necesidades?
4. Y finalmente entremos en acción: ¿cómo voy a empezar a trabajar en eso que no tengo?

Ya sé, empezar no siempre es sencillo, pero darnos cuenta de lo que nos falta ¡es un gran paso! Se trata de identificar cómo podríamos darnos esos cuidados, esos halagos y ese reconocimiento.

#MeGustoTanto
#SoyYo

Sí, darnos likes no se ve bien, pero podríamos hacerlo como una manera de autoconocimiento y autocariño que pueda servirnos como un ejercicio de afirmación de lo que nos gusta, como una forma de validar nuestras emociones y sentimientos.

Espera: no se trata de ir a darles like a todas tus fotos y publicaciones, no hay que hacerlo de forma literal; al contrario, propongo desconectarnos por un momento de todo, dejar de lado las redes sociales y nuestro perfil, ese que andamos cargando todos los días y con el que nos relacionamos cara a cara.

> **"¿Me gusta lo que muestro a los demás?". Pero más importante que eso: "¿soy capaz de amarme y aceptarme? ¿Cuántos likes me doy al día?".**

Ahora, es muy fácil que nos relacionemos por medio de internet. Es más, me atrevería a decir que casi todas las relaciones amorosas actualmente se desarrollan o inician virtualmente, ya sea por medio de aplicaciones o porque nos gusta el amigo de un amigo o la prima de una amiga, a quien no conocemos en persona, pero sí hemos visto en Facebook. ¿Qué es lo primero que nos atrae? ¡Pues su físico! Eso es en lo primero en que nos fijamos y después vemos o apreciamos otras cosas.

¿Qué pasa si no logramos ver más allá de lo que nos gusta superficialmente? Pues que podemos caer en relaciones igualmente superficiales, como le pasó a Eduardo, que, metido todo el tiempo en el gimnasio trabajando sus músculos, se enfocó en buscar a una pareja que fuera igual de atractiva que él:

El amor entra por los ojos. Punto. Me mato diario en el gimnasio como para salir con alguien que no me guste físicamente, y no es que todas mis novias hayan sido súper *fitness*, pero en definitiva sí tenían que ser muy guapas. Salí con chicas del gimnasio y con otras tantas que conocí en Instagram: sus fotos decían mucho de quiénes eran, por eso las invitaba a salir casi sin hablar con ellas. Bueno mi problema es que no me duran las relaciones y parece que sólo busco sexo. ¡Pero no es verdad! Uno tiene su corazoncito y pues también busco amor. Cuando nos conocíamos más, había siempre algún detalle que no me gustaba, y en lugar de esperar o conocernos más, prefería dejarlas porque ¿para qué me engaño?, ¿para qué las engaño? Mejor un truene a tiempo que llorar toda la vida por alguien con quien desde un principio no sentía química. A veces me pregunto si soy superficial. He intentado salir con personas que no me parecen tan guapas y las cosas se ponen peor. Por eso he decidido estar soltero, aunque muchas veces deseo tener una novia, pero la cosa no es tan fácil.

La imagen es muy importante no sólo en redes sociales o aplicaciones que sirven para conocer a otras personas, sino también en la vida real. En México, la mayor discriminación que hacemos hacia los demás tiene que ver con el color de piel, pero también con la ropa, el peso y la estatura. Alcanzar la perfección que vemos en los medios de comunicación o las revistas puede ser muy difícil. Lo realmente valioso es sentirnos cómodos en nuestra propia piel.

Ajá, Carmen, pero ¿cómo? Yo sé que es difícil porque estamos bombardeados de una perfección inaccesible, pero es posible superar todo eso que se exige socialmente. Ya sé que decirlo es muy fácil, y superarlo no lo es tanto. Todos pasamos por momentos de inseguridad en algún momento de nuestra vida. Es complicado embonar en un modelo de belleza o tener las cualidades necesarias que te piden socialmente. Y si nos encontramos a más tipos como Eduardo, la cosa se pone todavía más difícil.

Voy a contarte que cuando yo tenía 17 años sentía que no encajaba con mis compañeros de la prepa. Por un lado, me sentía menos porque no pertenecía a una familia con dinero, no viajaba tanto o no tenía un coche. Y si hablamos del físico, como muchas chicas a esa edad (y estoy segura de que a todas las edades), creía que mi peso no era el ideal y que era poco atractiva. Constantemente escuchaba: "Eres muy bonita de cara, pero te verías mejor si bajaras un poquititito de peso".

No la pasé nada bien, pero eso me motivó a mejorar en muchos aspectos. Tenía una idea muy clara de lo que tenía que hacer, y entonces me puse a trabajar en mí. Y no hablo de trabajar en mi cuerpo y hacer dietas imposibles, sino en pensar qué era lo que quería y qué tenía que hacer. Estoy convencida de que una vez que sentimos seguridad y creemos en lo que hacemos, entonces estamos del otro lado. El autocuidado, como dije antes, requiere de mucho trabajo interno y de aceptación; eso nos lo da todo para conseguir lo que soñamos.

A mí lo que me funcionó fue:

* Mirarme al espejo. Reconocerme, apreciar mi imagen, aceptarla, saber que no puedo ser perfecta, pero que me gusta mirarme, y además, saber que puedo trabajar en mí desde la aceptación de mi imagen y no desde la aprobación de los demás.
* Moverme. El ejercicio para mí tiene que ver más con bienestar; es una manera de quererme y mantenerme saludable. Estamos hechos para activarnos. Creo

que cada persona puede encontrar algo que la motive a sentirse mejor, a conocer más cómo funciona su cuerpo. El baile es una muy buena opción.

* **Soñar.** Todos soñamos y nos imaginamos no sólo a la pareja perfecta, sino también una vida perfecta. ¿Por qué nos exigimos tanto? Soñar nos impulsa a crear la vida que anhelamos, pero no basta. Yo me cuestioné qué trabajo quería, qué necesitaba para tenerlo y si con eso sería realmente feliz. Así es como empezó todo, haciéndome cargo de mí.

* **Planificar.** Los planes nos sirven para ordenar todo aquello que deseamos. Éstos comienzan cuando nos hacemos conscientes de qué es lo que queremos, cuáles son nuestras metas y qué acciones nos llevarán a conseguirlas.

* **Disfrutar.** La vida no puede ser como esperamos y no siempre los planes que hacemos suceden como los imaginamos. Por eso yo he aprendido a disfrutar cada cosa que hago, cada trabajo que tengo, cada momento que vivo. Yo sé que hay experiencias amargas que nos ponen tristes; sé también que no es suficiente con decir que hay que echarle ganas. Cuando hablo de disfrutar también hablo de aceptación: aceptar todo aquello que venga y aprender. Cada quien sabe cuánto tiempo necesita para sanar.

> **No podemos depender totalmente de la aprobación de los demás, pero también es imposible no vivir sin ser vistos y valorados por los otros.**

Pasar de lo virtual al terreno físico implica darnos cuenta del lugar que habitamos, es decir, darnos cuenta de que fuera del Photoshop o de lo que podamos crear en la pantalla, somos quienes somos, y ése es el cuerpo con el que convivimos, el vehículo con el que nos relacionamos en el mundo, nos movemos, bailamos, nos ejercitamos, nos divertimos y amamos.

A veces también lo maltratamos y lo juzgamos duramente, y lo peor es que los juicios que hacemos sobre nosotros mismos son dirigidos por opiniones externas, por todos esos *dislikes* que nos dan porque no cumplimos con los estándares de belleza que se exigen socialmente. Esto finalmente afecta nuestra forma de amarnos y, al mismo tiempo, la forma como nos relacionamos amorosamente con otros. Sí, la mirada del otro es importante y puede afectarnos. Ya sea de manera positiva: cuando somos aprobados, reconocidos, celebrados o admirados, o de forma negativa: si somos criticados, expuestos o incluso cuando nos sentimos invisibles.

Valoramos lo que otros piensan de nuestras acciones y de lo que mostramos en redes sociales, pero también lo que las personas con quienes convivimos diariamente opinan. Al final todas ellas participan en la construcción de nuestra autoestima.

Querernos, entonces, no depende solamente de nosotros. Aunque seamos nosotros quienes nos autoevaluamos, las personas que nos rodean determinan buena parte de nuestra individualidad.

La interacción que tenemos con los demás es lo que nos hace descubrirnos. ¿Cómo? A través del trato hacia éstos. El amor a uno mismo no puede darse desde el egoísmo, porque son ellos quienes nos ayudan a comprendernos y a formarnos.

Enamórate de ti, de tus planes, de tus sueños, de lo que ves en el espejo. Esto te motivará a continuar, a seguir día a día. Recuerda que no podemos tener la aprobación de todos. Lejos de hacernos felices, es probable que nos estemos traicionando a nosotros mismos: no podemos fingir algo que no somos.

Hay que darnos like no sólo en lo virtual, sino en todo lo que hagamos. Seamos honestos con nuestros afectos, con nuestras relaciones y, sobre todo, con nosotros mismos, ya que nuestra vida virtual jamás podrá mostrar exactamente lo que nos pasa, la realidad sobre nuestras relaciones. Pero ¿tendríamos que publicar todo eso que es privado? De lo que se trata es de estar conformes con nosotros mismos, darnos un #MeGustoTanto que nos permita enfrentar los rechazos como una experiencia de crecimiento. ¿Tú cómo vas con eso?

Sin duda, las redes sociales y las distintas aplicaciones nos han ayudado a que las oportunidades de encontrar pareja se multipliquen exponencialmente y también nos han hecho sentir cerca de las personas que están lejos. Pero ¿qué pasa con los que están cerca?

Las más recientes estadísticas en cuanto a relación de pareja y uso de dispositivos revelan que más del 80% de las parejas han peleado por causa de *phubbing* (ningufoneo), que significa ignorar a una persona por estar más atento al teléfono, mientras que el 40% ha expresado sentirse profundamente triste o despreciado a causa de este mal hábito.

Esta pésima costumbre no solamente afecta la relación de pareja, sino que nos afecta a nosotros mismos, ya que no sólo se trata de encontrar al amor de tu vida, sino que nos perdemos de lo más importante una vez que lo encontramos: no lo disfrutamos.

El amor maduro y real no es una varita mágica, es una semilla que necesita tiempo y espacio para que florezca, y si estamos con los ojos clavados todo el tiempo frente al teléfono celular difícilmente podremos adentrarnos en una conversación profunda que nos permita conectar con el ser humano que tenemos enfrente.

¿Qué caso tiene buscar el amor, si cuando lo encuentras todo lo que sucede en las redes sociales se vuelve más importante? ¡Una persona checa su celular 150 veces al día en promedio! Nuestra capacidad de atención en una conversación sin interrupciones digitales se ha reducido a tiempos que van de cuatro a ocho minutos.

El *phubbing* nos afecta a nosotros también porque por estar distraídos constantemente no nos damos el tiempo ni el espacio de concentrarnos en las actividades que nos relajan, que nos desconectan de las exigencias de las redes sociales y que, sobre todo, nos conectan con lo más importante de la vida: el amor a nosotros mismos.

OLGA GONZÁLEZ DOMÍNGUEZ
www.olgagonzalez.mx
 OlgaGonzalezPsicologia
 psicolgagonzalez
 PsicOlgaGlez

2

Enamorados del amor

Todos somos diversos y únicos. Nos enamoramos precisamente de las particularidades de la otra persona: siempre hay algo que nos puede parecer más llamativo, más encantador, más agradable. Lo que resulta increíble es que todo lo maravilloso que vemos en los demás también es lo que otra persona puede ver en nosotros, y a veces ni siquiera son detalles que valoremos o reconozcamos. ¿Te suena? Como cuando alguien habla bien de nosotros y para nada lo creemos.

Como ya expliqué en el capítulo anterior, debemos empezar a conocernos y a cuidarnos. A lo mejor, si ya tenemos pareja, nos va a costar un poco ponernos primero, y si no tenemos, es muy probable que en el camino terminemos enamorándonos de alguien. ¿Cómo le vamos a hacer entonces para no desatendernos? Y es que puede ser muy fácil dejar de priorizarnos porque ¡se siente tan bien estar enamorados!

Comencé hablando de la diversidad porque el amor lo vivimos desde diferentes lugares. No creo que haya una definición que nos quede a todos; cada uno construye sus relaciones desde sus propias historias.

Para mí el amor es estar con alguien que tenga detalles, que te trate bien, que te consienta y que al mismo tiempo te haga sentir segura. Me he enamorado una sola vez y creo que tardará mucho tiempo en que vuelva a sentir esa intensidad y esa pasión que tenía por el que fue mi primer novio. Terminamos porque se fue a vivir a otra ciudad con su familia y acordamos que no queríamos ser novios de internet. Como a mí me gustó mucho desde que lo vi, aceptarlo como era no fue nada difícil, es más, me iba enamorando cada vez más. Es alguien que estudió y se fue a otro lado para cumplir otras metas, y la verdad es que hasta ahora no me he encontrado con alguien que me guste tanto como me gusta él. A lo mejor estoy siendo muy exigente o tal vez me estoy conformando con poco, porque no me doy la oportunidad de conocer a alguien más. No lo sé. Lo único de lo que estoy segura es de que no quiero perder mi tiempo.

El enamoramiento puede pegarnos tan duro como a Yuyu y mantenernos anclados a una relación que parecía ser con la persona ideal. Como te darás ya una idea, el enamorarse puede ser una cosa muy seria, muy bonita también, pero no hay que dejar de lado las promesas que nos hacemos: no siempre se cumplen y no quiere decir que sea por falta de amor.

Enamorarnos no es algo que se piense fríamente, sino que surge impulsivamente y su componente principal es bioquímico, es decir, no controlamos lo que sentimos y se trata de todo un proceso interno que nos hace alucinar, sentir que caminamos en las nubes, nos distrae, nos pone dispersos y también muy felices. Por suerte, es transitorio. Y digo por suerte, porque, aunque es necesario para vincularnos con el otro, también es una etapa que tan nos pone de cabeza que por un ratito vivimos muy desbalanceados.

Debo aceptar que cuando conocí a Juan Ángel, mi pareja, desde que lo vi me gustó muchísimo. En todo ese proceso del enamoramiento, yo no dejaba de pensar en él, en los planes que teníamos y en qué día nos volveríamos a ver. Es ese momento en el que sientes que has encontrado a esa persona especial, aparentemente perfecta… y bueno, después te das cuenta de que no lo es, y entonces el amor se transforma, deja de ser una idealización. Pero por lo pronto ¡hay que disfrutarlo!

Desde mi experiencia, estar enamorados nos impulsó a avanzar, planear y motivarnos. El enamoramiento es el motor inicial que nos ayuda a establecer lazos más estrechos con la otra persona, nos da la sensación de que el otro lo es todo, de que somos correspondidos, y vamos por más.

> Enamoramiento es pasión, es un nivel alto de sustancias neuroendocrinas, grandes cantidades que te dan sensaciones de placer arrebatado, fogoso y adictivo. Mientras que amar es aceptar a la pareja con sus defectos y virtudes. Ahí ya vemos las cosas en la realidad sin soñar despierto. Antes de amar, nos enamoramos, y es la parte más divertida de todas las relaciones.
>
>

El testimonio de César lo deja claro: el enamoramiento viene antes del amor. Cuando estamos enamorados solemos pensar, erróneamente, que se trata de amor de verdad.

> **Enamorarnos es la motivación inicial, mientras que amar es algo que construimos cuando estamos ya en pareja.**

Pero todo va por pasos. Elegir de quién nos enamoramos puede ser más complejo de lo que te imaginas. Tienen que coincidir muchísimas cosas. Y ¿sabes?, a lo mejor por eso parece tan mágico, tan perfecto, y es que no sólo nos gusta alguien físicamente: también nos atrae el olor, su historia de vida, su forma de relacionarse con el mundo… ¿Será que todo es coincidencia? Según los expertos, ¡jamás!

#MeGustasTeGusto
#Enamorados
#Novios
#SúperLike

Pienso que enamorarse es un poco como la comida: se te antoja primero al verla, luego la hueles y finalmente la saboreas. Dicen que de la vista nace el amor, que nos sentimos atraídos, en primer lugar, por lo que observamos, por el físico de la otra persona.

Y no, no necesitamos ser los más guapos del lugar. En realidad la atracción tiene que ver con algo más profundo, como identificarnos con alguien que puede parecernos cercano, con quien nos sentimos en confianza o con alguien que nos parece familiar. Y si el primer acercamiento lo hacemos a partir de la percepción, ¿cómo podemos determinar que una persona nos recuerda a alguien que amamos o que nos hace sentir seguros? Esto es debido a sus rasgos faciales.

Consideramos a alguien atractivo cuando lo relacionamos con las experiencias de vida que hemos atravesado, y no tanto porque su fisonomía sea perfecta. Las personas que te enloquecen con sólo verlas a lo mejor se parecen físicamente a otras muy cercanas en tu vida con quienes has establecido ya vínculos muy poderos y fuertes. No es algo que identifiques conscientemente, o sea, no andas por ahí viendo si se parecen a tu papá, a tu mamá o a cualquier familiar o amigo.

Y sí, también es cierto que nos atraen las personas que son más simétricas, pero no es una regla. Si bien se trata de algo importante, le damos más valor a sentirnos cómodos y en confianza, como nos escribió Blanca:

Depende de la pareja. La atracción puede ser sólo por cómo se ve, cómo se viste o qué estilo de vida tiene. Todo eso se ve rapidito en la primera impresión, pero la verdad es que no es suficiente. También están los sentimientos, sus creencias, su forma de vida y hasta cómo trata a su mamá o a sus hermanas. Por lo regular eso ya lo ves si convives más, y también te das cuenta del trato hacia sus amigas y amigos. Si después de que pasa el tiempo el físico sigue siendo lo más importante, creo que no se alcanzó nada en la relación.

La persona que elegimos no tiene que ser la persona más atractiva del mundo. De hecho, lo que nos atrae del otro son esos pequeños detalles que creemos que sólo nosotros percibimos, como si les diéramos a través de nuestra mirada un lugar especial, un toque único que quizá otros no han visto jamás. Pero ¿somos capaces de mirarnos igual de únicos y auténticos que como vemos a los demás? ¿Te has preguntado qué tanto te gustas a ti mismo?

Siempre he tenido sobrepeso, pero yo digo que soy una *gordibuena*. Los kilos nunca han sido impedimento para tener pareja porque tengo mi pegue, y por eso me preguntan: "¿Cómo le haces para llamar la atención de los hombres?". Yo les respondo que simplemente soy yo. Claro, a veces también pienso que sería padre tener dos tallas menos, pero siento que no sería la misma, que no sería igual de atractiva como lo soy ahora.

Mabel se siente cómoda con su cuerpo, y aunque puede parecer superficial hablar de tallas y pesos, creo que su testimonio nos demuestra que el amor tiene que ver más con la autoaceptación. En un mundo en el que nos dicen "sé delgada", "sé atlética", "sé activa", "muévete", "haz ejercicio", para sentirte atractiva, sentirnos como Mabel es más poderoso que cumplir todos esos estereotipos que nos hacen creer que debemos tener cierto cuerpo para tener derecho a enamorarnos.

Y no es algo que nos pase sólo a las mujeres, aunque es verdad que la exigencia para nosotras es más dura. El punto es que solemos creer que la belleza es lo más importante a la hora de elegir pareja, y así como hay muchas mujeres que llegan a sentirse poco atractivas, también hay algunos hombres que lo sufren:

> No soy de ligar y tampoco invito a salir a la chava que me gusta, me siento fuera de lugar en casi todos lados. No soy muy alto, pero soy muy delgado, y la verdad me molesta mucho que cada persona que me encuentro o la gente que me conoce lo primero que dice sobre mí es "¡qué flaquito estás!". Y yo sé que no lo hacen para ofenderme, pero no me gusta que hablen sobre cómo me veo. Y así me pasa también cada vez que quiero ligar. Parece que no importa lo que haga, lo que estudie, lo que sé, porque antes que todo eso, está que siempre me veo muy flaco. A mí me hace sentir muy inseguro, poco varonil, poco atractivo. ¡Ojalá pudiera tener un poco más de músculos! Me sentiría mejor. No tengo novia; en realidad nunca he tenido una relación seria, y sé que tiene que ver con mi inseguridad. Es algo que tengo que resolver antes de buscar una novia.

Así como Óscar, hay muchos hombres que no se sienten cómodos con su cuerpo, por lo que no suelen sentirse seguros para establecer relaciones de noviazgo con quien sea. Pero vivir desde la aceptación de quienes somos y además sentirnos atractivos es mucho más sexy que estar en la talla perfecta. ¿Sabes por qué lo creo? Porque lo he visto: la seguridad se proyecta y se nota.

> Es cierto, nos enamoramos de lo que vemos, nos sentimos atraídos hacia alguien que nos gusta físicamente, y por eso le damos mucha importancia a la imagen. Pero dejemos de buscar afuera por un momento, ese "afuera" que nos han dicho que es lo único que vale, o sea, la apariencia.

Sé que el poder de la imagen es valioso, pero la apariencia no lo es todo. Se trata de profundizar en nosotros, trabajar en nuestro autoconocimiento, profundizar en todo eso que nos hace auténticos y únicos. Es por eso por lo que decidí aprender más sobre lo que representa la imagen personal. No sólo fue instruirme en temas de colores y texturas. Resultó un desafío mucho más grande.

En una clase, nos pidieron que frente a un espejo nos miráramos sin ropa, para enfrentarnos con nuestra desnudez, con nuestros prejuicios, con todo eso que nos decimos y que muchas veces sólo nos lastima. Yo descubrí que había muchas veces en las que me desconectaba de mi cuerpo, que dejaba de mirarme completa. Con este ejercicio aprendí que el cuerpo es una herramienta para sentirnos bien, para volvernos a mirar, para apreciarnos, que es hermoso no por cómo se ve, sino por todo lo que hace por nosotros. A través de nuestro cuerpo nos comunicamos con los demás, nos relacionamos, sentimos y amamos. ¿Por qué nos olvidamos de él con frecuencia? ¿Por qué pensamos que deber ser visto por otros menos por nosotros mismos?

Ahora las citas no tienen que ser frente a frente, porque la mayoría de nuestros encuentros ocurren por internet. Podemos ligar y enamorarnos por medio de *apps* para tener citas o por las redes sociales. Esto puede ser más sencillo para algunos, porque se sienten más seguros con una pantalla de por medio o porque simplemente son mejores escribiendo que hablando. ¿Te ha pasado?

> Mis relaciones más largas han sido por internet. Con la primera novia duré tres años en un noviazgo a distancia porque ella vivía en otro país, y nos visitábamos seguido. La otra relación larga, y la más bonita de mi vida, fue con una chica que conocí en esas salas virtuales para jugar ajedrez. De ella no me enamoré porque la viera en una foto, sino porque platicamos por unos tres meses y como al quinto nos conocimos, o sea, al quinto mes nos mandamos nuestras fotos. Nos conocimos en persona más o menos al año. Siento que la relación comenzó muy bien porque nos dimos el tiempo para conocernos. Me enamoré primero porque me gustaba cómo pensaba y el trato que tenía conmigo, y cuando la conocí en persona, claro que me gustó, pero creo que fue más porque ya la conocía. Siento que me enamoré poco a poco, pero debo reconocer que, si físicamente no me hubiera parecido guapa, simplemente no la habría buscado para nada más.

♡ 👍 👥 ⬆

Obviamente las fotos se vuelven un elemento importante en cualquier relación amorosa que inicie por internet, como nos cuenta Iván. El físico puede ser importante, pero no es lo único que tenemos para atraer a alguien más. Es cierto que la mayoría de veces elegimos basándonos en el atractivo físico, pero no porque seamos superficiales, sino porque una foto es información accesible. ¡Es lo primero que vemos! Y no todos están dispuestos a leer biografías y descripciones larguísimas.

Yo no sé si esto juegue a nuestro favor: podemos elegir mal, y si nos dejamos llevar por lo físico, dejamos de ver aspectos como la simpatía o el humor, y una foto atractiva no siempre acaba en una cita agradable.

> Yo sé que a mí me ubican como "el feo". El feo del salón, el más feo de los amigos, y qué bueno que soy hijo único porque si no también sería el más feo de mis hermanos. No es cosa de autoestima, es la realidad, y en cuanto más pronto te aceptes, mejor. Claro que viví muy traumado en la secundaria, pero me apliqué y aprendí a conocerme más. También descubrí habilidades que, si fuera guapo, estoy seguro de que ni las habría visto. No es por presumir, pero mis novias han sido las más bonitas del salón o de las fiestas a las que voy. No tengo que hacer chistes ni hacerme pasar por el más gracioso. Lo que a mí me sirve es mostrarme súper seguro siempre y no clavarme en temas de inseguridad. Para mí, ser atractivo depende de cómo te sientes desde el interior, y eso se refleja.
>
> ♡ 👍 💬 ↪

El testimonio de Alfredo ejemplifica claramente lo que nos da el autoconocimiento. No es que sea un arma para ligar; se trata de algo que juega en nuestro favor en muchos sentidos y, en particular, para hacer a un lado todos esos estereotipos que siguen pesando y que nos pueden hacer sentir que no merecemos ser amados. ¡Trabajemos en nosotros mismos, en descubrirnos!

> **El amor entra por los ojos, sí, pero no es suficiente. Es probable que con tantito más que sepamos del otro terminemos desilusionados.**

Si somos firmes en lo que queremos de una relación, nos iremos a la primera cosa que nos haga sentir mal. Pero si, por el contrario, lo único que queremos es ser amados a toda costa, entonces corremos el riesgo de permanecer en una mala relación. ¿Alguna vez sentiste que aunque la otra persona fuera guapísima era claro que no compartían nada de nada? ¿O que aunque hubiera atracción física había algo que nomás no te hacía clic?

Hace muchos años en un trabajo conocí a un chico, e inmediatamente hubo atracción, pero me enteré por él mismo de que le gustaba salir con muchas personas al mismo tiempo, y automáticamente se desvaneció como humo mi deseo por él. Y es que yo creo que a una le gusta sentirse especial.

Emma tiene razón, nos puede gustar muchísimo alguien, pero no sólo la atracción es importante: sentirnos especiales y únicos es punto clave para enamorarse. Nuestra imagen física dice mucho de cómo nos sentimos por dentro, pero creo que, si no te gustas, no le gustarás a nadie más, o no cómo tú quisieras.

Vamos a mirarnos en un espejo y a contestarnos:

* ¿Qué veo en ese espejo?
* ¿Me gusta?
* ¿Por qué me molestan ciertas partes de mi cuerpo?
* ¿Me molestan a mí o a la gente que opina sobre mi imagen?

Después de mirarte, haz una lista de lo que más te gusta de ti físicamente. Estoy segura de que será dificil, porque pocas veces nos decimos lo bien que nos vemos, lo mucho que nos gusta algo de nosotros, o porque estamos acostumbrados a criticarnos y tratarnos duramente. A veces es más fácil maltratarnos que apreciar lo que tenemos.

#EmbrujoDeAmor
#Dates
#Enamorados

Cuando estaba por terminar la prepa, descubrí que las bibliotecas tenían algo especial como para enamorarme. Esto porque ahí conocí a una chava que fue mi novia un rato. Ella iba un semestre abajo y sólo la encontraba por ahí después de clases, por lo que varios días me fui a sentar en la misma mesa para que viera que no era casualidad. No duramos mucho, pero sí recuerdo que el primer beso que nos dimos fue ahí. Desde entonces, las bibliotecas son lugares que me gustan para enamorarme. No tienen que ser muy lectoras: podemos ir de visita nada más para besarnos.

¿Te has preguntado qué sitios te erotizan?, ¿qué lugares te parecen agradables, cómodos y seguros? Esos en los que puedes sentirte tú y que no implican fingir nada más. Luisa, como vemos, lo tiene claro. Su romance ocurrió hace varios años y las bibliotecas siguen siendo el lugar donde se desarrollan sus mejores historias de amor.

Cuando estamos en el proceso de convencer al otro, imaginamos escenarios que nos resultan agradables y en los que también convocamos de una o de otra manera al erotismo. No me refiero a buscar citas en hoteles o preparar tu casa para un encuentro sexual; se trata de algo más: la seducción es algo más sutil que llevar a alguien a la cama.

La mejor manera de conocer a alguien es compartiendo la mesa. En una cena, miras a la otra persona, te ríes, cuentas historias y es posible que, sí, te enamores. Pero también puede ser una experiencia terrible que de todos modos nos sirve para conocer nuestros límites y saber si queremos hacer pareja.

Las cenas son un ritual en el que están presentes los aromas y los sabores, acompañados de una plática súper divertida o muy profunda. Los intercambios de sonrisas y miradas de complicidad suelen darse mayoritariamente en estas citas, y no es casualidad. Se trata de años de evolución que con el tiempo han mejorado y pulido nuestras técnicas de seducción. La antropóloga Helen Fisher es un referente cuando hablamos de amor, y sus investigaciones nos han demostrado cómo muchos de nuestros comportamientos no han cambiado, sólo han ido mejorando.

Ella dice que hay dos cosas que no fallan: las canciones de amor y las cenas. En nuestro país, las serenatas siguen siendo un detalle que a muchas personas les encanta, y la comida sin lugar a dudas es algo que nos puede llegar a conquistar. Es más, creo que el dicho de que a los hombres se les llega por el estómago tendríamos que actualizarlo, porque a las mujeres también nos conquistan cuando nos alimentan. ¿Quién dice que no a unos taquitos al pastor?

Antes de ser novia de Juan Ángel, en nuestra tercera cita, fuimos a cenar a un restaurante cercano a mi casa en la colonia Narvarte. Ya no existe, pero se convirtió en un lugar significativo porque, entre las risas y la plática, nos dimos cuenta de que los dos habíamos crecido en ciudades parecidas, con los mismos valores y educados en familias extensas; nuestra historia de vida era muy similar, y no sólo eso, sino que nos reímos mucho y la pasamos muy bien. Los rituales amorosos como los que se dan en las cenas son un maravilloso pretexto para descubrir a la otra persona y una gran oportunidad para mostrarnos tal cual somos.

Estos previos, que nos sirven como cortejo, nos ayudan a poner límites. Porque esto se hace mejor cuando nos estamos conociendo; no hay que esperar a estar en pareja para decir qué es lo que sí nos gusta y qué cosas no vamos a aceptar bajo ninguna circunstancia. Pero, seamos honestos, casi nunca le decimos que no a la persona de la que nos enamoramos, porque queremos que se sienta súper bien con nosotros, queremos agradar, detenerla, que nunca se vaya:

> A mí me pasó que con el novio con el que he durado más, o sea, cuatro años, sentí que perdí mi tiempo. Al principio, me dijo que me faltaba conocerlo más en su mundo, y yo pensé que sería algo mutuo, pero no. Resulta que me puse muy accesible para él y su trabajo: lo acompañaba a dar clases, casi vivía en su casa, íbamos siempre con sus amigos, yo lo llevaba y lo traía a donde fuera. Y pues sí, estuve en su mundo, pero él nunca conoció el mío. Es más: muchos de mis amigos piensan que me inventé la relación. Me arrepentí mucho de seguirlo a todos lados sin poner condiciones. ¿Y para qué? Terminamos tronando el día que le hablé de todo esto.
>
>

La experiencia de Ariadna es un caso muy recurrente. No pudo ponerle límites a su ex y tampoco se los puso a ella misma. A veces los embrujos resultan ser maleficios, y de ahí sí es mejor irse antes de enamorarnos más de la cuenta. Identificarlo tiene que ver con escucharnos y no con complacer.

#AromasQueEnamoran
#AmoCómoHueles
#Respirarnos

Te decía que el enamoramiento entra por los ojos y luego por la nariz, como un platillo que vamos a saborear. Por eso es importante hablar sobre los aromas en los temas de seducción. Helen Fisher lo explica así en su libro *Anatomía del amor*: "El enamoramiento podría desencadenarlo, en parte, uno de nuestros rasgos más primitivos: el sentido del olfato. Cada persona tiene un olor ligeramente diferente; todos tenemos un olor distintivo personal que se distingue, al igual que nuestra voz, nuestras manos, nuestro intelecto. A medida que crecemos llegamos a poder reconocer diez mil aromas diferentes".

> **El enamoramiento parte de un proceso de química cerebral en el que el olfato es un elemento clave para comenzar a encariñarnos con la otra persona, o sea, para vincularnos profundamente.**

En la época de Shakespeare, el mismo que escribió *Romeo y Julieta*, uno de los trucos que se usaban para enamorar era colocar bajo el brazo una manzana pelada que se retiraba de la axila hasta que la fruta se saturaba con su aroma, y entonces la entregaban al amante para que la oliera. Sí, ¡qué asco! Pero es algo que en definitiva funcionaba, y es que el olor es el sello personal de cualquiera.

Ahora tenemos otros métodos: ¿cuánto llegas a gastar en lociones, perfumes y desodorante, que lo único que hacen es esconder tu aroma natural? Para ir a cenar nos arreglamos y nos perfumamos para ser más atractivos. La invención del perfume no es algo que haya surgido casualmente. Y luego por allá de mil novecientos noventa y tantos se pusieron muy de moda algunas fragancias que garantizaban que la persona que las usara se convirtiera en seductora profesional, debido al ingrediente secreto que contenían: feromonas humanas que, supuestamente, despertaban el deseo sexual de cualquiera.

Pero así como la manzana, hay quienes no usan nada y son extrañamente atractivos:

A mí francamente no me gustan las chavas que se perfuman y se bañan diario. Ya sé, todo el mundo me dice que soy muy cochinito, pero es la verdad. Siento que el olor natural de una mujer que me guste es mucho más atractivo que esos perfumes que hacen que todo lo que es muy natural desaparezca. Siento que desaparece eso que es muy instintivo en nosotros, el aroma natural excita más que cualquier otra cosa.

El afrodisiaco más vigoroso para mí es el olor de mi novio cuando no se ha bañado. Me vuelve loca, me encanta que sus besos tienen otro sabor, ¡uno que la verdad sí se me hace bien afrodisiaco!

Marcos y Silvia son del *team* "nos gustan más los que no se bañan", y no es extraño. El olor corporal es también uno de los embrujos con los que atraemos o alejamos a quien deseamos tener como pareja. Imagínate el drama de encontrar a alguien que te guste mucho físicamente, con quien la pasas espectacular y además te identificas, pero su olor definitivamente no te gusta: es más, hasta puede hacerte correr. ¿No crees que sea un tema relevante? Te voy a demostrar que sí lo es.

En 1995, el biólogo suizo Claus Wedekind, de la Universidad de Lausana, Suiza, realizó una investigación sobre las cosas que influyen para que alguien nos atraiga sexualmente. Les pidió a 44 hombres que usaran una camiseta por dos días enteros, y después les dio estas prendas a 49 mujeres para que eligieran cuál era el olor más agradable y cuál el que menos les gustaba. ¿Resultado? Las camisetas que eligieron se relacionaban con hombres que tenían genes muy distintos a los de ellas, lo que significa que, en lo que se refiere a compatibilidad de genes, cuando éstos son más opuestos a los de nuestros padres, más nos garantiza que el sistema inmunitario de los hijos será fuerte. Para mí, esto es parte de la química que hay cuando nos encontramos con la pareja; es sencillo: la sentimos o no.

En la etapa del enamoramiento, si somos correspondidos, los dos buscamos mostrar nuestra mejor cara; y eso no significa que mintamos, sólo que estamos tan interesados en la otra persona que terminamos por voltear a vernos. Muchas veces estamos tan abandonados o nos olvidamos de nosotros que no nos damos cuenta de lo valiosos que somos.

> **Creo que en la etapa del enamoramiento nos ponemos una máscara, somos otros, para poder conquistar o enamorar a la otra persona.**

Es cierto que podemos escondernos detrás de una máscara, pero ¿cómo disfrazas tu olor? Una cosa es real: si no nos gusta el olor de nuestra pareja, entonces es muy probable que no duremos mucho tiempo. La intimidad que creamos con nuestra pareja no se refiere a tener un encuentro sexual, sino a cómo nos relacionamos en lo privado. Por eso los olores se convierten en un punto central. Cuando llegamos de un día cansado y nos acurrucamos en los brazos de la persona que amamos y percibimos su olor, podemos sentirnos seguros y relajados; esto es parte del vínculo que vamos construyendo.

#BienFusionados
#SúperEnamorados
#Correspondidos

Estoy tan enamorado y tan bien correspondido que no me quiero ir cuando nos vemos. Estoy bien clavado y siento horrible tener que despedirme. No sé cómo hacerle, porque siento que ya me está afectando en todo lo que hago: ando bien distraído y se me olvida todo. Llevo como tres meses en la luna y de verdad que no sé cómo dejar de sentirme mal. Es que ya llega un momento en que me duele y no sé si esto es normal o es tanta la necesidad que hasta quiero que nos casemos ¡ya!

¿Alguna vez te has sentido como Julián? La verdad es que es algo que no me sorprende, porque todos en algún momento hemos llegado a sentir esa necesidad de quedarnos con alguien, de no separarnos nunca y de que el tiempo pase muy despacio.

Cuando estamos en la etapa de enamoramiento todo se vuelve un pequeño desastre en nuestra vida. Es probable que estemos formando un vínculo más profundo en el que empezamos a apegarnos a la otra persona, es decir, comenzamos a sentirnos protegidos, acompañados, amados y, claro, nosotros intentamos dar lo mismo.

Por lo tanto, no es un buen momento para tomar decisiones, o al menos ésa ha sido la recomendación de casi todos nuestros especialistas: "No te cases enamorado", "no te vayas a vivir con alguien", porque, con la emoción del momento, suponemos que todo es para siempre y que la pareja es perfecta.

Por supuesto, esto no es una regla general. Cada uno tiene una historia de amor distinta: hay parejas que deciden irse a vivir juntos casi de inmediato y siguen juntas, como es mi caso. No es que Juan Ángel y yo lo hayamos decidido sólo porque nos llevábamos bien. Creo que mucho fue por las circunstancias que estábamos viviendo en ese momento: los dos teníamos que decidir si seguir rentando un departamento cada quien por cuestiones de contrato, y fue entonces cuando nos preguntamos: "¿Y si nos mudamos juntos?".

Considerar nuestros espacios es importante, y también lo es mantener nuestros proyectos personales y de trabajo. Desear fusionarnos con el otro es parte del proceso de estar enamorados, y además, es una etapa que nos sirve para construir otro tipo de relaciones más maduras. El problema surge cuando durante la relación no existe un proceso de separación y hay miedo a que la otra persona se vaya. Por temores e inseguridades, muchas veces dejamos de atender nuestro espacio personal.

¿Te suena esto conocido? Muchas de las preguntas que antes me llegaban tenían que ver con si debemos compartirlo todo, hasta los espacios. Con la emoción de ser correspondidos y de estar tan contentos, solemos poner como prioridad a la otra persona y dejamos de prestarle atención a lo que necesitamos: desde nuestras horas de sueño hasta nuestros proyectos de vida.

A mí me pasó que después de un par de meses de estar todos los fines de semana con mi novio, empecé a angustiarme porque dejaba cosas a medias. Subí como cinco kilos porque dejé de ir a nadar y ya no tenía tiempo para prepararme mi comida de dieta. Mis amigos me mandaban mensajes que no veía porque estaba perdida, hasta que llegaba el lunes y tenía que regresar a mi casa y a mi trabajo: sólo entonces me enteraba de lo que estaba pasando en el planeta. La angustia de saber que estaba perdiendo algo fue lo que me hizo decir "hasta aquí", y entonces puse horarios y días de visita. Aunque a mí me ayudó a volver a mi centro, a él no le gustó para nada y empezó con sospechas de que lo engañaba y estaba saliendo con alguien. No voy a decir que lo terminé de inmediato, porque no es cierto, todavía me quedé cuatro meses más haciendo malabares para sostener nuestra relación y al mismo tiempo hacerme cargo de mí. Finalmente no aguantó mucho y me cortó porque decía que yo no lo amaba tanto como para sacrificar cosas o para organizarme mejor.

Lo que le pasó a Nadia es lo que nos puede pasar a todos si en medio de tanto enamoramiento no sabemos poner límites. Establecer desde un inicio que somos dos individuos con vidas distintas, con amigos, familia e intereses propios, es muy importante. Esto nos ayuda a mantener nuestra individualidad y, al mismo tiempo, enriquece nuestra relación porque compartimos otras experiencias.

#AdictosAlAmor
#EnamoradosDelAmor
#AmorAmorAmor

No todos vivimos el cortejo y la seducción de la misma manera. Hay quien lo sufre como si fuera una enfermedad porque, en lugar de disfrutarlo, lo padece. Como ya lo vimos, enamorarnos es de las mejores sensaciones que podemos sentir, pero hay muchos que terminan haciéndose adictos a esto. ¿Te suena aquello de estar enamorado del amor? Lulú lo ve así:

Enamorarse es igual a vivir un estado de psicosis transitoria en donde escuchas y ves lo que no existe; es decir, sucede que frecuentemente maximizamos las cualidades de ese alguien especial y creemos que son seres únicos; los idealizamos tanto que *futureamos*, creamos escenarios fantásticos y nos imaginamos juntos para siempre.

¿Te ha pasado que de inmediato piensas a quién se parecerán tus hijos? Esto es el resultado de todas esas ideas sobre el amor romántico por las cuales pensamos que formar una familia es el punto máximo del amor, pero ¡vámonos más despacio!

> **El enamoramiento nos sirve para disfrutar el momento y el misterio que nos ofrece la otra persona.**

Hay quienes no quieren dejar de sentir que son la novedad para el otro; no quieren pasar del estado de enamoramiento, y cada vez que se termina esta sensación comienzan a verle los defectos a la pareja. Prefieren huir y no enfrentarse a la triste y decepcionante realidad de que, sí, estaban besando a una mujer o a un hombre terrenal, que se equivoca, se enoja y no es la persona más comprensiva como lo pensaban. Esas tantas cualidades de perfección se nos caen tarde o temprano.

Marcela dice que es una sensación que conoce muy de cerca:

Es que cada vez que yo me enamoro, de verdad siento que miro el mundo de manera distinta. No me estreso, no me enojo, no grito, no empujo, ¡simplemente estoy muy feliz! Y obvio que me encanta andar así todo el tiempo. Hasta mi familia lo nota.

Pero más allá de sentir bonito y estar en un carrusel de emociones constantemente, la verdad es que no podemos estar enamorados por siempre de la misma persona. Es cierto que es algo muy agradable, pero no podemos ser funcionales. Es algo que nos da tanto bienestar que queremos repetirlo y repetirlo y repetirlo como una espiral infinita. ¿Crees que se puede ser adicto al amor, o mejor dicho, adicto a la sensación de enamorarnos continuamente?

La adicción al enamoramiento a lo mejor tiene que ver con que necesitamos que sea alguien más quien nos dé eso que no tenemos, y cuando se acaba la emoción lo desechamos y volvemos a empezar. A todos nos gusta sentirnos halagados, valorados y amados, y eso no quiere decir que nosotros no nos amemos; pero si buscamos constantemente experimentar esa sensación de enamoramiento perpetuo, quizá lo único que queremos es olvidarnos de nosotros y ponernos en manos de alguien más.

Magda, de 34 años, admite que no ha sido fácil construir una relación a largo plazo y acepta que disfruta del coqueteo, de las primeras citas y de todo esto que significa vivir mucha adrenalina:

He tenido ene cantidad de novios. Al principio sufría mucho cada vez que tronaba con alguno. Ahora ya no me duele tanto porque me di cuenta de que en realidad no quiero una relación y que disfruto mucho de la adrenalina que implican las primeras citas, los primeros besos y las promesas. Quisiera hablarlo desde un principio y ser directa: decir que sólo estoy enamorada y que cuando se me pase me voy a ir, pero no puedo porque en ese momento lo que quiero es que dure toda la vida. No me imagino en una relación a largo plazo y lo único que quisiera es no lastimar a nadie.

¿Ves lo importante que es conocernos a nosotros mismos? Cuando lo conseguimos, es fácil que distingamos en dónde nos sentimos seguros, qué espacios son nuestros y si queremos compartirlos. Seguro que cuando estamos saliendo con alguien nos podemos adaptar a sus gustos o a su estilo de vida, y en un principio puede parecernos maravilloso, pero ¿qué hay de lo que tenemos para compartir?

> **Las relaciones amorosas crecen conforme nos damos la confianza de incluir a la otra persona en nuestro mundo, nuestras amistades y nuestros gustos. Así es como construimos una intimidad en la relación, que va más allá de la atracción física.**

Enamorarnos es de las mejores experiencias por las que todos atravesamos… claro, siempre y cuando seas correspondido. Lo que no nos preguntamos es ¿qué deseamos de la relación que iniciamos?, ¿para qué queremos tener un novio o una novia?, ¿de quién me quiero enamorar? y ¿para qué enamorarnos?

Frecuentemente escuchamos que enamorarnos es una de las mejores experiencias de la vida. La gran mayoría de los seres humanos considera que el amor es necesario y que es un estado que deberíamos mantener siempre. El enamoramiento es un proceso transitorio que suele culminar en historias tristes y procesos dolorosos, pero nos enseña a ser mejores personas; terminar una relación de una manera abrupta y dolorosa puede generar un gran aprendizaje para el cerebro.

Es común que pensemos que una persona debe quedarse a nuestro lado por el simple hecho de decirnos "te amo"; sin embargo, 80% de nuestras relaciones van a terminarse en menos de cinco años. Es decir, por probabilidad, la gran mayoría de nuestros noviazgos culminará en algún momento y la mayoría de las personas que nos brindan su amistad van a salirse de nuestra cotidianidad en menos de cinco años.

Nadie nos dijo que una expareja nos enseña más cuando se aleja que cuando está junto a nosotros, ya que cuando tenemos una pareja a nuestro lado podemos entenderla, estar de acuerdo o en desacuerdo con ella y lograr edificar objetivos en común.

Fragmento del libro *Amor y desamor en el cerebro*
Eduardo Calixto
🐦 @ecalixto

3

El placer está en todo y en todos

Antes pensaba que hablar de placer era igual a hablar de orgasmos, de posiciones y de qué es lo que más me gustaba que me hicieran. Hace cuatro años tuve un accidente en una moto y quedé sin movilidad ni sensaciones en la parte inferior del cuerpo. Tardé mucho en volver a ser la chica que era antes del accidente. Yo tenía 25 años. Estaba a punto de darme por vencida y a conformarme con no tener una pareja. Ahora quiero decirles que siento mucho más que antes y que he aprendido a conocer mi cuerpo. Aprendí que el placer no te lo da alguien que te toca, sino que es una forma de vivir.

Cuando hablamos sobre placer, generalmente lo asociamos más con un encuentro sexual que con un encuentro con nosotros y con nuestro cuerpo. Por eso me gusta lo que nos cuenta Valeria: la valentía de cambiar su vida, sus prioridades, sin dejar de lado lo placentero; es más, comprometiéndose a vivir así, desde el bienestar.

La historia de Valeria rompe para mí con todos los mandatos que hay sobre quién sí puede y quién no; es como si pensáramos que todos tenemos que ser iguales, sacados de un molde y hechos para determinadas cosas. Especialmente con quienes viven con alguna discapacidad, el placer parece ser algo prohibido, porque son cuerpos que salen de lo que se exige socialmente.

El placer es un derecho humano que tenemos todos, y como nos dice Valeria, esto lo descubrió sintiendo bienestar, amando su cuerpo después del accidente y conociéndose de mil maneras que quizá antes no se imaginaba.

El placer es una forma de vivir en bienestar. Tiene que ver con nuestra actitud y apertura ante la vida y lo que significa vivir: ¿es que estamos aquí para sufrir?, ¿es que tenemos que sacrificarnos para tener un premio? Debido a estas creencias, nos llenamos de mucha culpa, porque creemos que el placer no es gratuito, que las sensaciones agradables se tienen que ganar, que son algo que hay que merecer.

Les damos demasiado valor al sufrimiento y a los sacrificios. En general, pensamos que quien sufre o se sacrifica tiene ganado el cielo, es decir, que al final todo es recompensado. ¡Vayamos a las historias de amor! ¿Cuáles son las favoritas? Pensemos un poco en los protagonistas del clásico de la literatura romántica: *Romeo y Julieta*, que tuvieron que morir por desafiar los deseos de sus padres, aunque sólo estuvieron juntos tres días. En el cine, una de las películas más taquilleras de todos los tiempos nos habla de una historia de amor en la que los personajes principales no están destinados a quedarse juntos: en *Titanic* el amor es imposible desde el principio. ¿Será que de verdad nos gustan las historias de amor con finales trágicos?

> A mí me gusta pensar en mi novio y en mí como dos apasionados que viven con intensidad cada encuentro sexual que tienen. Creo que sin pasión no hay placer y por eso yo prefiero tener relaciones cortitas que aunque duren poco nos hagan sentir que de verdad hay mucho deseo. Mis amigas me regañan porque dicen que son relaciones inmaduras en las que no hay estabilidad, pero ¿para qué la quieres?
>
>

Para Denise, esta forma de encuentro se satisface con esa idea de placer que muchos hemos adquirido a través de lo que vemos en las películas. Creemos que el placer dura poco, que es intercambiable y que sólo se consigue en una relación de pareja.

Además, aprendemos a amar desde el dolor, porque creemos que, si no sufrimos, entonces no tiene sentido. Nos alejamos del placer, privilegiamos las lágrimas a las risas, estamos tan desencantados que creemos que el amor real dura poco.

> **Hemos aprendido a separar el cuerpo de las sensaciones; por lo tanto, nos cuesta trabajo identificar qué nos hace sentir cómodos.**

Nos parece muy difícil ponerles nombre a nuestras emociones porque creemos que es mejor razonar que sentir, pero al negarlas, lo que hacemos es dividirnos y vivir a medias.

No sólo es la manera como nos dijeron que teníamos que ser, sino también la educación religiosa que muchos recibimos o la formación que tuvieron nuestros padres.

Yo crecí en una familia muy tradicional en Lagos de Moreno, Jalisco. Esto claro que influyó en las creencias que tuve sobre el amor y la familia. Pero también me fue muy bien al contar con unos padres que me apoyaron y que dejaron que tomara mis decisiones libremente. Mis hermanos también me impulsaron. Y sí, algunas decisiones me hicieron sentir que me estaba equivocando, pero mis deseos por alcanzar mis sueños y dedicarme a lo que quería me hicieron fuerte para emprender mi vida lejos de casa (no lejos de mi familia; las distancias pueden separarnos, pero no perdemos el apoyo de quienes más nos quieren).

El amor también lo idealizamos; las historias nos motivan y de alguna manera nos dan un propósito. Pero no debemos esperar que alguien nos haga sentirnos especiales; el trabajo es individual. ¿Cuál es tu historia de amor? ¿Cuáles de tus creencias han cambiado?

El amor tiene que ver con una vida placentera, pero se trata, sobre todo, del amor a nosotros mismos. Esto no significa que amemos desde el egoísmo y la individualidad, sino que, aprendiendo a conocernos y a amarnos, eso es lo que le ofreceremos a la otra persona: puro amor del bueno.

Debido a todas estas creencias, que van desde lo religioso hasta lo social, es que tenemos la idea de que el placer es aquel que tu pareja te proporciona, que cada uno debe seguir un rol, y, sin darnos cuenta, continuamos repitiendo estos dogmas. Como le pasó a Abril, quien probablemente tuvo una relación cercana para hablar de sexualidad pero no de placer:

Mi mamá nos decía cosas que según ella toda mujer debe saber antes de casarse, como lavar, cocinar y planchar. Yo me rebelaba, no me gustaba tener que hacer todo eso, y eran peleas diario. No puedo hablar bien sobre el placer porque de eso no se hablaba en mi casa. Aprendí qué era lo que sentía mi cuerpo y cómo reaccionaba a diversas cosas hasta que cumplí 20. Y no dejo de pensar en todo el peso que tuvieron las opiniones de mi mamá.

Pero, entonces, ¿cómo vamos a entender el placer? ¿Será por medio de nuestras historias de amor? ¿Por la cantidad de parejas sexuales que hemos tenido? ¿Por lo que dicen nuestros amigos? No, para entenderlo no tenemos que buscar afuera ni encuestar a nadie. Para conocer nuestro placer tenemos que sentirnos, recordar o identificar cuáles son las sensaciones agradables que nuestro cuerpo percibe y que no necesariamente tienen que ver con estar o no en pareja.

En mi caso, hay tiempos que me dedico y que disfruto mucho. Sí, es delicioso ir a un spa o darte ciertos gustos con alimentos que te agraden; eso también lo hago. Pero tengo un momento del día que sólo es mío, cuando despierto antes que Juan Ángel y mi hija Cosette. Ese momento en el que estoy a solas, en silencio. Me tomo un café y dejo que el tiempo siga; no estoy apurada, no tengo presión de nada; sólo estoy conmigo y eso me da mucho placer; me gusta acompañarme, escucharme, hacer planes, emocionarme y después reunirme con mi familia, saberme acompañada. El placer es una forma de vivir en bienestar y es también tiempo, tiempo que nos dedicamos.

A lo mejor no te has escuchado lo suficiente si no sabes qué te causa placer. No te preocupes, con el tiempo vas a descubrirte, a hacerte consciente de tu sensibilidad, de lo que necesitas. Lo que creo que es importante es que dejemos de lado las historias de amor y odio en las que el maltrato lo podemos confundir con algo placentero, porque llegamos a normalizar conductas dañinas.

#MiDerechoAlPlacer
#DerechoASentirBonito
#Placeres

Hace poco les dije a mis papás que soy lesbiana. Tengo 15 años y me urgía porque quiero tener permisos para salir con mi novia, para vernos, para que todo el mundo lo sepa y que no tengamos que escondernos. Mi papá me apoyó muchísimo pero a mi mamá todavía le cuesta. Quisiera iniciar mi vida sexual con mi novia porque me gusta demasiado y además me muero de ganas cada vez que nos besamos. Lo que me preocupa es que va a ser mi primera vez y tengo muchas ganas pero también tengo miedo de que no funcione o que mi mamá me prohíba verla.

Conocer la historia de Raquel nos sirve para profundizar en nuestros deseos, para hablar de la confianza en los padres y también del temor a mostrarnos tal cual somos. Muchos inician una vida sexual con miedo o con poca información, y esto nos pone en situaciones de riesgo. No hablo solamente de usar un condón: la educación sexual va más allá de eso.

El inicio de la vida sexual en los mexicanos es en promedio a los 14 años, aunque hay otras cifras que dicen que es entre los 10 o 13 años, si bien las estadísticas varían, es un hecho que los adolescentes tienen sus primeras experiencias sexuales casi siempre sin información.

Hablar de placer es esencial en la educación sexual, porque aumenta nuestra autoestima, además de que promueve la libertad de decidir de manera informada y es una manera positiva de amar nuestro cuerpo tal y como es. Pensamos que sólo se trata de estar atentos a nuestra salud sexual, evitar embarazos y protegernos de infecciones de transmisión sexual; pero también se trata de sentirnos libres para elegir, para decidir, para mostrar nuestros afectos, y es sin duda una manera de amarnos.

La información no es sólo aprender cómo poner un preservativo o usar pastillas anticonceptivas. Claro que es valiosa y necesaria (aunque no llega a la población que la necesita), pero creo que estamos dejando de lado cosas muy importantes como el placer, la atracción, si nos sentimos en confianza o preguntarnos cuál es nuestro proyecto de vida. Y sí, esto también es hablar de sexualidad.

Todos tenemos derecho a tener una vida que se base en el placer, sin cargar culpas, sin tener vergüenza de nosotros.

Tenía 17 años cuando tuve mi primera relación sexual y no fue para nada algo que no me gustara o que sufriera. Mi novio de aquel entonces lo sugirió varias veces, pero yo no quería, no estaba preparada. Conforme pasó el tiempo, yo lo pensé mucho y me decidí. Quise que él fuera *mi primera vez*, y no me equivoqué. Fue mucho mejor de lo que yo esperaba: muy atento y cariñoso, siempre estuvo pendiente de mí. Es un momento que nunca voy a olvidar. Él tenía un año más que yo y nunca fue demasiado insistente o acosador; más bien era muy paciente y me escuchaba. Las relaciones sexuales fueron muy bonitas y no era sólo eso lo que compartíamos. Creo que nos convertimos en muy buenos amigos.

Me gusta el mensaje de Fabiola porque nos habla de una chica que decidió y se permitió sentir y saber con quién quería tener su primer encuentro sexual. No fue presionada, no se sintió obligada a nada.

Y es que durante la adolescencia, pensamos que sentirnos presionados por la pareja o por los amigos para iniciar nuestra vida sexual es algo normal, como si fuera parte de esta etapa; pero no es así.

Además, influye mucho dónde crecimos y nuestras creencias. En mi caso te puedo decir que la presión no era algo constante. Ni siquiera era tema de conversación con mis amigas porque lo más importante era ser virgen hasta el matrimonio, y las historias de amor eran esas en las que las muchachas eran robadas por algún muchacho y así se iniciaban las familias. ¿Placer? No, nada de placer, se trataba de tener hijos y listo.

Estas creencias son otra forma de educación sexual: se vuelven tan comunes que ni siquiera se cuestionan, como tampoco se cuestionaba otro tipo de relaciones que no fueran heterosexuales o que involucraran el derecho al placer de las personas con discapacidad, por ejemplo.

> **La Declaración de los Derechos Sexuales explica que la sexualidad es una parte integral de la personalidad de todo ser humano. Su desarrollo pleno depende de la satisfacción de necesidades humanas básicas como el deseo de contacto, intimidad, expresión emocional, placer, ternura y amor.**

El placer es para todos. Las limitaciones casi siempre vienen de nuestras creencias; pero ¿quién podría limitarnos si aprendemos a conocernos? Como Jorge, que nos dice:

> Yo soy una persona con discapacidad motriz congénita y vivo una sexualidad a plenitud porque yo no me pongo limitaciones. Todo está en nuestro cerebro.

Por eso la educación sexual basada en el reconocimiento de lo placentero puede evitar abusos, porque nos hace reconocer y sentir cuando estamos en bienestar. Nos conocemos en la medida en que nos cuestionamos constantemente qué es lo que necesitamos, qué nos gusta, qué no nos gusta y, luego, si queremos compartirlo.

El derecho al placer es uno de los que se proponen en la Cartilla de los Derechos Sexuales, y por cierto, incluirlo sirvió para mostrar cómo nos afectan temas como la homofobia y la discriminación. El placer es la forma como percibimos el mundo a través de nuestros sentidos, dentro de nuestras emociones. Por lo tanto, no sólo se trata de tener sexo con alguien. Esta idea la tenemos tan metida que por eso pensamos que la educación sexual es hablar sólo de un coito.

Y claro, se habla desde distintos puntos de vista, dependiendo de a quién nos dirigimos. ¿Crees que es diferente si lo tratas con una chica que con un chico? Pablo escribió una fuerte observación sobre una realidad que vivimos pero ignoramos, o peor, sabemos que está ahí y la fomentamos explicando que "así debe ser":

El constructo social predominante sobre el placer es diferente en cada sexo. Para las mujeres el placer es algo que las hace ver como si fueran fáciles o vulgares, mientras que para los hombres el placer es igual a ser dominante y poderoso. Creo que el machismo sigue siendo la herramienta con la que aprendemos de placer y sexualidad.

Esto es resultado de ideas estereotipadas de cómo nos debemos comportar dependiendo de si somos hombres o mujeres, y en esto todos perdemos. A partir de creencias como éstas pensamos que las mujeres deben ser complacientes y estar disponibles, mientras que se les exige a los hombres que sean ellos los encargados del placer de su pareja y, además, creemos que ellos siempre van a tener ganas.

Desechemos estas ideas y cuestionemos: ¿realmente esto tiene que ser así?, ¿me hace feliz como mujer tener que estar disponible siempre?, ¿me siento bien como hombre al suponer que sexualmente hay que estar al pendiente del placer de la otra persona?

> **Tener un pasatiempo, hacer lo que nos gusta, darnos tiempo para nosotros, leer o tomar un café puede ser una manera de llamar al placer, y no tiene que ver necesariamente con experimentar un orgasmo.**

Hay personas con las que disfrutamos tanto hablar que las conversaciones se vuelven placenteras: y no, no tiene que ser tu pareja ni convertirse algún día en ella.

> Las reglas o normas que mi madre me impuso fueron una forma de reprimir mis gustos y mi manera de ser, pues sólo hacía lo que para ella estaba permitido, o mejor dicho, era lo correcto. Y ahora que soy adulto no puedo ser espontáneo o hacer algo placentero sin sentir que estoy haciendo algo que no está permitido. Me siento con temores, con angustia, y entonces retrocedo, y no logró tener un avance en ningún ámbito, ya sea laboral, social o personal. Creo que tengo muchas habilidades, las cuales no puedo ni siquiera explotar para poder salir adelante.

¿Te has sentido como Óliver? La manera como nos miramos, si es positiva, resulta ventajosa, pero si no, es como vivir con miedo o buscando la aprobación de los demás.

La historia de nuestra vida puede limitarnos o ponernos alas para alcanzar nuestros sueños. Pero en todo esto hay una gran lección: somos responsables de lo que hacemos y de lo que decidimos; si nuestros padres nos limitaron de chicos, nos toca a nosotros, como adultos, hacernos cargo de nuestros sueños.

Acabo de terminar con una novia con la que duré como cinco años. Era una relación problemática y en la que siempre estábamos peleando. Si duramos tanto tiempo fue porque las reconciliaciones eran muy intensas. El sexo no era tierno ni romántico, más bien parecía que nos estábamos peleando porque había jalones de cabello y mordidas. Según nosotros era sexo duro que no íbamos a tener con nadie más. Mucho tiempo creímos que éramos excelentes compañeros sexuales y que por eso no íbamos a terminar nunca. Pero llegó un día en el que se nos pasó la mano y, bueno, no quiero contar los detalles, sólo que eso nos sirvió para terminar. Tengo un año sin verla y la verdad es que la extraño mucho. ¿Por qué podemos sentir que el maltrato es una forma de querer?

La historia de Israel es la historia de muchas parejas, aunque casi nunca se habla del maltrato que hay en las relaciones y menos cuando surgen en nuestros encuentros sexuales. Muchas de las dudas que se generan cuando hablamos de autocuidado tienen que ver con relaciones destructivas que no eran tan fáciles de identificar como tal para quienes las vivían, pero sí para las personas que los rodeaban. Me di cuenta de que vivimos historias idealizadas sobre el amor y el deseo porque muchos, como este testimonio anónimo que nos llegó, no logran identificar que están en una relación de abuso.

> **Creemos que la intensidad de los sentimientos se mide según cómo tratamos a la pareja. Pensamos que entre más efusivos seamos, más estamos amando.**

Por ejemplo, hemos normalizado los empujones, las groserías, las órdenes o los apodos. Muchos nos dicen que esto es parte de una relación, pero a veces se nos pasa la mano y ni cuenta nos damos hasta que llegamos a la violencia.

Creemos que las reconciliaciones se disfrutan más, que ahí podemos resolver todo. Pero lo que realmente pasa es que dejamos salir toda esa energía que acumulamos en un enojo, porque muchas veces no sabemos cómo manejar nuestras emociones y, además, creo que es más fácil entregarnos con furia al otro que parar un momento, ponernos a pensar y hablar.

Sí, entiendo que mezclar todos esos sentimientos que se manifiestan en una discusión puede crearnos una sensación agradable, porque de alguna manera dejamos que sea la pasión la que nos marque el ritmo. Pero no podemos vivir una relación en la que busquemos constantemente una pelea para poder disfrutar el sexo con más ganas.

A veces, sin pensarlo, propiciamos relaciones conflictivas para tener otras ganancias, como el sexo de reconciliación: buscamos ser recompensados con sexo apasionado y nos cuesta trabajo pedir perdón o asumir la responsabilidad de nuestras acciones.

El sexo de reconciliación no sirve para componer la relación, y no siempre lo disfrutan los dos. Nos convendría pensar en otras maneras de resolver y enfrentar nuestros conflictos. Creemos que es más fácil entregarnos al otro con arrebato que descubrir qué es eso que nos lastima y después comunicarlo. La convivencia diaria, puede llevarnos a no identificar la violencia con la que nos comunicamos, como es el caso de Gerardo:

> Me casé y duramos dos años aunque queríamos que fuera para siempre. Como los dos somos de carácter fuerte, nos acostumbramos a hablarnos golpeado y con groserías, pero pensábamos que era porque nos teníamos mucha confianza y nos daba mucha flojera eso de decirnos cosas cursis. Pero no hay quien aguante gritos y groserías diario, así que un día decidimos que era mejor separarnos. Después de la separación, conocí a una chica que me trataba muy bien y sin groserías. Aunque traté de cambiar, fue muy difícil y ella terminó cortando conmigo. Es muy difícil salir de nuestras creencias. Ahora que empiezo a ir a terapia me doy cuenta de que soy agresivo, y eso para mí es un primer paso para intentar amar de otra manera.

La Organización Mundial de la Salud reveló que 3 de cada 10 adolescentes denuncian que sufren violencia en el noviazgo, y en México, la Encuesta Nacional sobre Violencia en el Noviazgo 2007 dice que el 76% de las adolescentes entre 15 y 17 años ha sufrido violencia psicológica; 17%, sexual, y 15%, física. Estoy segura de que muchos encuestados ni siquiera pudieron identificar que estaban en una relación violenta.

Culturalmente, aprendemos que lo que no nos duele, lo que no sufrimos o lo que no nos costó trabajo carece de valor. Creemos también que el amor tierno es una cursilería y que es más fácil admitir comportamientos que nos hacen sentir que el cariño se da también por medio del maltrato. La pregunta sería "¿por qué necesitamos un subidón emocional para sentirnos vivos?".

Itzel me preguntó una vez si podríamos ser adictos al maltrato:

> Pienso que somos adictos a las relaciones intensas, esas en las que hay maltrato. Pero no las llamamos así; les ponemos, en cambio, el nombre de "pasión". Y como nos han dicho que la pasión es así y es buena, entonces nos aferramos a estar con una persona que no nos quiere bien. Darnos cuenta es difícil y cambiarlo mucho más.

Creo que más que una adicción, es una mala manera de relacionarnos. Salir de ahí no es algo tan sencillo porque son cosas que nos resultan conocidas y habituales; por lo tanto, no sabemos qué hay que hacer, cómo reaccionar y qué rumbo tomará todo.

> **Vivir placenteramente parte de un comportamiento propio que se proyecta en las relaciones que entablas a lo largo de tu vida.**

Las relaciones de amor y las de amistad son un reflejo de cómo te tratas a ti mismo. No, no hay nadie que sea adicto a ser maltratado; lo que pasa es que lo confundimos con atención y amor salvaje, pero ¿por qué tendríamos que conformarnos con malos tratos cuando podemos tratar y ser tratados con ternura?

En lo sexual, podemos confundir el maltrato con una muestra de amor intenso que no necesariamente es así. Pero darnos cuenta no es tan sencillo, porque, como me comentó Vanesa en Facebook:

La mayoría de las personas nos tratamos mal debido a que así nos trataron. Pero somos nosotros quienes perpetuamos el maltrato a nosotros mismos.

¿Puedes identificar cómo te haces daño y al mismo tiempo lo disfrazas de placer? Roxana piensa que hay muchas maneras de maltratarnos y a lo mejor no nos damos cuenta:

Nos maltratamos cuando comemos alimentos chatarra, tomamos alcohol en exceso, dejamos de comer o fumamos en exceso, por poner algunos ejemplos. Lo malo es que pensamos que nos estamos haciendo un bien: al comer chatarra lo podemos ver como un premio; al tomar alcohol creemos que nos divertimos; si dejamos de comer pensamos que nos cuidamos; y hay quien ve el cigarro como una herramienta para enfrentar la ansiedad. Pero siempre hay cosas más profundas, sólo que nos da miedo asomarnos a nosotros mismos.

El maltrato comienza en nuestro interior. No es que lo hagamos de manera consciente; lo hacemos porque son comportamientos que hemos aprendido. No debemos regañarnos ni juzgarnos porque, para mí, es como si nos maltratáramos el doble. Creo que hacernos conscientes, ponerlo en palabras, poder verlo, es un buen comienzo para decidir no hacernos daño.

* ¿Puedes identificar en cuáles de tus relaciones has sufrido maltrato?
* ¿Podrías reconocer si tú eres un maltratador?
* ¿Qué actitudes de ternura podrías tener con tu pareja?
* ¿Serías capaz de cambiar la forma de relacionarte con los demás?
* ¿Qué crees que podría detenerte?

#YoMeDoyPlacer
#Masturbación
#Autoerotismo

Hay personas a las que no les gusta hablar de autoerotismo, lo consideran prohibido. Esto siempre ha existido, pero hay que quitarnos miedos y tabús al hablar de masturbación o de autoerotismo, y es que no hay mejor forma de conocernos que irnos descubriendo corporalmente.

La mayoría no ve esta práctica como una herramienta de autoconocimiento, sino como algo que nos lleva al deseo sexual. Muchas veces también es vista como un desfogue o una manera de relajarnos, y es cierto, nos sirve para todo esto. Pero la relación que tenemos con nuestro cuerpo y nuestro placer cambiaría y sería más sana si empezáramos a verla como una forma de reconocernos.

Mi experiencia, tras haber conversado con decenas de especialistas y escuchado los comentarios de cientos de televidentes, me mostró que es necesario que tanto mujeres como hombres tomemos la masturbación como una práctica de conexión con uno mismo. Sí, practicar el autoerotismo, tener un orgasmo, quizá no nos lleve del todo a conectar, pero al hacernos conscientes de este proceso, podemos hacer visibles nuestras culpas, miedos, vergüenza, y en consecuencia lograremos conocer nuestras emociones y nombrarlas para después enfrentarlas.

> Yo me masturbo y me encanta y a veces veo pornografía, pero en ocasiones no sé por qué me da culpa y me detengo. Creo que la culpa es un mecanismo de control.
>
>

La experiencia de Johana ilustra muy bien el miedo a sentir placer que normalmente tenemos. ¿Crees que es una manera de control? El control lo podemos sentir desde nuestras creencias y la educación que recibimos, pero depende de nosotros liberarnos de esto. Simplemente hay que tocarnos.

En la Declaración de los Derechos Sexuales, hay un apartado especial en el que se habla del derecho al placer sexual, el cual dice que el autoerotismo es fuente de bienestar físico, psicológico, intelectual y espiritual. Entonces, dejemos de sentir culpa o vergüenza cuando estamos hablando de la relación que establecemos con nuestro cuerpo.

> **El sexo sigue siendo un tema tabú a pesar de que actualmente parecemos una sociedad más abierta, que dice estar dispuesta a hablar sobre diversidad, masturbación y otros temas que para muchos resultan escandalosos.**

Y es que las relaciones que establecemos con nuestro cuerpo, con el cuerpo de alguien más y con nuestro placer no dependen solamente de nuestra educación escolar o familiar, sino que todos los constructos sociales con los que crecimos juegan un rol fundamental.

La culpa que llegan a sentir tanto hombres como mujeres tiene que ver con estereotipos y comportamientos que se esperan de ellos. Por ejemplo, se cree que las mujeres deben darse a desear, y si esto no ocurre, son vistas como mujeres con poco valor. ¿Por qué el ejercicio libre de la sexualidad nos da un valor o nos lo quita? Por otro lado, a los hombres se les exige ser expertos, que sean ellos quienes den placer, pero se desconocen totalmente.

El autoerotismo es una manera de conocer nuestro cuerpo, de identificar cómo sentimos placer. No se trata sólo de estimularnos, sino que es un proceso más profundo. Es un ejercicio que sirve tanto a hombres como a mujeres, que no se vive de la misma manera debido a los prejuicios sociales que existen, y sigue siendo un tabú sobre todo cuando se lo relaciona al cuerpo femenino. ¿Por qué nos puede avergonzar tanto saber más sobre nuestro cuerpo? ¿Por qué todas esas creencias nos afectan tanto, aunque sea algo que hacemos en la privacidad?

> El autoerotismo, o masturbación, enriquece la vida sexual de la pareja porque se trata de autoconocimiento.

Pero muchas veces la comunicación puede fallar o se entiende mal, pues muchos llegan a pensar que se está sustituyendo a la otra persona. Hablar de lo que deseamos y queremos puede ser difícil cuando estamos en pareja, pero conocernos puede hacerlo más sencillo. Ely, comprendió que la responsabilidad de su placer era cosa suya:

Antes yo pensaba que sí, que estaba bien eso de masturbarse, pero que era mucho mejor si el placer lo compartías con tu pareja. No es que tuviera miedo de conocerme o de explorarme, pero le daba mucho más valor a lo que sentía si esto era compartido. Igual como que pensaba que si me masturbaba era algo muy egoísta. Con el tiempo y gracias a unos talleres a los que fui, me di cuenta de que a veces me quedaba insatisfecha y que de alguna manera culpaba a mi pareja. Eso me pareció más egoísta, decir que la culpa era de alguien más y no hacerme cargo de lo que yo podía hacer por mí. Es verdad que crecemos muy limitadas en nuestra sexualidad, pero también hay poca información. Es muy frustrante tener que dejarle el trabajo al otro, pero tampoco es que haya mucho de donde aprender.

La masturbación es una forma de satisfacción sexual completa y benéfica para la salud, facilita encuentros más placenteros y es un buen momento para experimentar fantasías. Además, es algo que está presente a lo largo de toda la vida en ambos géneros. No estamos desconectados: las sensaciones de nuestro cuerpo y lo que imaginamos ¡son otra manera de vivir el erotismo!

* ¿Cómo vives el placer?
* ¿Qué crees que te impide conocer más sobre tu placer?
* ¿Por qué crees que llegamos a reprimir las sensaciones de placer?
* ¿Crees que necesitas de una pareja para sentirte satisfecha?
* ¿Qué pasa si no tienes una relación?

Placer, sólo 6 letras que engloban tanta cosa: disfrute, miedos, culpa, vergüenza, dolor, entrega, goce, diferencias culturales, guerra y, por supuesto, amor (no importa si es compartido o en solitario). ¿Cómo una palabrita puede, para cada quien, significar tanta cosa? Date chance de reconocer qué significado(s) tiene en tu vida, en tu historia, en tu sexualidad.

El placer está en todo y en todos. En el cafecito que te tomas en la mañana, en la caminata que haces por el gusto de disfrutar del movimiento de tu cuerpo, en la crema que recorre tu cuerpo día con día después de un baño con agua calientita… en las pequeñas cosas, ahí empieza el placer ¿Notas algo en común? Te lo cuento ya… el placer se vive en el cuerpo, sí, así como lo lees… se vive, se siente, se percibe CON, EN y GRACIAS al cuerpo.

¿Cachas lo lindo y liberador de esto? ¡Todas las personas habitamos uno! Sí, para poder mirar, sentir, oler, degustar, percibir, acariciar y ser acariciadas sólo necesitamos sabernos poseedoras de un cuerpo. ¿Te digo una cosa aún mejor? ¡No necesita tener una forma, color o tamaño determinado! TODOS los cuerpos SIENTEN, VIBRAN, RESPONDEN al placer. Nuestro cuerpo no discrimina por ningún motivo; el culto a la delgadez, los estereotipos de género, las creencias limitantes en relación a la sexualidad… sí.

¿Mi invitación? ¡Cuestiona los estereotipos, cuestiona tus creencias –y las de tu familia, pareja, sociedad o amigos-, cuestiona los paradigmas de belleza! ¡Paremos de cuestionar a nuestro cuerpo, nuestros gustos y necesidades! Respeta tu cuerpo, así como es, sin importar el tamaño, el color o la forma que tenga; para de juzgarte y juzgarlo todos los días frente al espejo… tu cuerpo está bien así como es, no necesitas cambiarle nada para atreverte a disfrutar, para dejarte mirar o para permitirte el placer en todas sus presentaciones.

Aprender a aceptarnos, respetarnos y amarnos es un proceso; la autocompasión, nuestra mejor compañera de viaje ¡Que no se te olvide meterla a la maleta!

Por último, pero no menos importante, se vale pedir apoyo:

1) No tienes que hacerlo sola(o). Nuestras redes de apoyo son súper importantes: familia, amigos, pareja, terapeuta.
2) Busca información que te apoye en lo que quieres trabajar. Videos, libros, podcast, etc. Revisa las fuentes, hay que saber qué información estamos dejando entrar.
3) Se vale no saber cómo, pero también se vale buscar ayuda profesional para encontrar el mejor camino para ti. Haz todas las preguntas que necesites, tu salud sexual, mental y emocional, es igual de importante que la física… no la pongas en manos de cualquiera.

Te mereces vivir, disfrutar y ejercer tu sexualidad de la forma que quieras y esté bien para ti… ¡Es tu trabajo descubrir cuál es esa! El placer está disponible y al alcance de cualquiera de nosotros, sólo necesitamos atrevernos a tomarlo y hacerlo nuestro.

ALESSIA DI BARI
Maestra en sexología y terapeuta de pareja.
Autora de los libros *Saber escoger. Guía de sexualidad para mujeres* y *Saber escoger. Guía de sexualidad para hombres*.
🐦 @sexologadibari
📷 @sexologadibari
f "Sexóloga Di Bari"

4

¿Por qué pelear tanto?

Los celos, la infidelidad y el dinero son los tres temas más recurrentes en 14 años de escuchar a los especialistas y también los testimonios de las personas que amablemente nos los compartieron para poder profundizar y analizar cómo resolver los problemas de pareja y no tronar en el intento.

No es casualidad que se encuentren entre los motivos más frecuentes de consulta en la terapia, empezando por el tema de la infidelidad, siguiendo con los celos y el dinero, que pueden acomodarse en primero o segundo lugar dependiendo de la pareja. Aunque son temas generales, cada caso es particular y no existen recetas para solucionar los conflictos; sólo existe la disposición de seguir juntos o de terminar sin necesidad de lastimarnos.

En todos los testimonios que he escuchado, mucho del sufrimiento de las personas surge de todo aquello que les falta, y claro, al momento de tener una pareja, esperamos que sea esa persona la que nos dé todo lo que necesitamos. Es una expectativa casi inconsciente: nos han dicho que la pareja nos debe dar todo el amor, y caemos en esta falacia fácilmente.

Yo también creía en estas formas de relacionarme, también llegué a pensar que la felicidad era para siempre. Pero con el paso del tiempo, me di cuenta de que así como los problemas tienen sus particularidades, los cuentos felices tampoco son como nos los han pintado, que la felicidad es distinta para todos y que nuestra pareja no puede hacerse cargo de nosotros.

A veces, elegimos mal una relación o nos quedamos con alguien con quien ni siquiera la pasamos bien. Decidimos ignorar el malestar: "Seguro que se da cuenta de que está haciéndome mal y cambia por mí" o "No me gusta tal cosa, pero así es el amor, nada es perfecto y toca aguantar". ¡No! Dejemos de complacer a los otros y empecemos a escucharnos.

> **Amarnos es identificar qué tipo de relación quiero tener y no aceptar menos que eso.**

Amarnos es también no elegir o aceptar a cualquier persona por soledad, porque creamos que debemos vivir en pareja. Se trata de diferenciar qué luchas estamos dispuestos a librar y cuáles de plano mejor no.

#TengoCelos
#CelososYCelosas

Pienso que es normal que tengamos celos. Es algo que la pareja debe comprender. Pero también soy consciente de que, para obtener esa comprensión, necesitamos mostrarlos sin llegar a la agresión. No hay que reprimirlos porque eso nos impide crecer en la relación. El que es celoso controla al otro y a quien cela pues es paciente.

¿Es normal sentir celos? ¿Nuestra pareja tiene que comprendernos? ¿Cómo expresarlos sin agresión? Ana Mónica tiene razón en que es mejor hablar sobre lo que no nos gusta sin llegar a la agresión, porque la violencia nunca es una alternativa. Pero decirlo y hacerlo no es una cosa que todos podamos dominar, y es que estamos acostumbrados a creer que por celos podemos hacer cualquier cosa.

Justificamos la violencia o el maltrato porque creemos que estar en pareja es igual a pertenecerle a alguien. Creemos que somos exclusivos y que no tenemos derecho a salir con nadie más, o si lo hacemos, entonces hay que pedir permiso. ¿Te suena conocido?

Cuando comenzamos una relación, tenemos miedo de que termine, de perder por cualquier cosa a nuestra pareja, que la relación dure poco tiempo. Y esto no necesariamente tiene que ver con que seamos dependientes de alguien.

Al principio, cuando Juan Ángel y yo empezamos a vivir juntos, me daba miedo que se fuera por cualquier razón. No tenía que ver con una falta de amor propio o con que peleáramos todo el tiempo; era más bien que, estando en pleno enamoramiento, uno comienza a vincularse con el otro, a sentirse parte de algo que no quiere que se acabe. Esto fortalece nuestro apego y con el tiempo el miedo desaparece.

> **Los celos pueden ser parte de ese apego inicial, pero también es la manera en la que hemos aprendido que hay que relacionarnos. Por lo tanto, no son naturales, no nacimos con ellos, sino que los aprendimos. Entonces, ¿qué hacemos cuando sentimos celos?**

La manera como lo enfrentamos es en lo que hay que poner atención. Y convendría preguntarnos: ¿realmente nos da miedo perder a nuestra pareja? Quizá de lo que tenemos miedo es de enfrentar la realidad que vivimos todos: que no somos necesarios para la vida de nuestra pareja y, sin embargo, ellos y ellas han decidido estar con nosotros.

Hay dos formas de vivir esta experiencia: desde la mirada de quien siente los celos y desde la del que es objeto de ellos. Los roles son distintos, pero son permitidos por ambas partes porque se cree que los celos son una prueba de amor. Lo hemos escuchado en frases como "si no te cela no te ama" o "quien bien te quiere te hace sufrir". Esto no es amor, es una forma de limitar, prohibir, violentar y controlar. Por el contrario, el amor libera, respeta y ayuda al crecimiento de los otros.

#PareDeSufrir

Los celosos no aman más, no lo disfrutan, no lo viven apasionadamente. Los testimonios que recuerdo hablaban de que constantemente vivían en tensión, con ansiedad, imaginándose lo peor. La pasan mal en cada relación porque la viven con culpa, con miedo a ser abandonado y en constante conflicto.

No sólo se vive mal en la relación, también se vive mal socialmente; o sea, cuando nuestra familia y amigos saben de qué pie cojeamos, nos convertimos en alguien a quien es fácil señalar: "Necesitas ayuda", "Ve a que te revise un especialista", "Estás enfermo".

¿Por qué tendría que avergonzarnos hablar de lo que nos duele? No tenemos que cargar con etiquetas como *inseguro*, *inmaduro*, *loco*, *tóxico*, *sin autoestima*, *dependiente* o *enfermo*. No, los celosos no disfrutan ser celosos y muchas veces ni siquiera saben que están teniendo actitudes nefastas porque se han normalizado las relaciones violentas y posesivas, ya que pensamos que son muestra de un amor apasionado. Falso.

> Los celos son un infierno: nunca tienes paz. Yo fui a terapia para poder controlarlos y al final opté por ya no tener pareja. Mucha gente opina como si uno fuera celoso por elección, por capricho, por puras ganas de molestar. Lo que no saben es que para el que lo padece es mucho sufrimiento. Yo iba con una psicóloga que me dijo que si quería felicidad me comprara un perro, y pues tampoco ¿no?
>
> ♡ 👍 💬 ↗

Pues no, así como me lo contó Eduardo, para esos consejos mejor ni pagar la terapia. Hay que elegir muy bien a quién acudimos por ayuda. Darse cuenta de que los celos no nos permiten relacionarnos con los otros es ya una ganancia, pero ¿quién puede ayudarnos a superar todo esto?

La pareja misma puede ser una aliada si llega a comprender los sentimientos del otro, si hay una comunicación cercana y amorosa, pero sería mejor si lo hacemos de la mano de un experto. Recuerda: la ayuda no es para que tu pareja sea feliz, sino para trabajar en ti como persona, y claro, esto se verá reflejado en todas tus relaciones.

> **Los celos los hemos sentido todos en algún momento de nuestra vida; la diferencia es lo que hacemos con esta emoción.**

No se puede estar constantemente en una lucha contra el mundo, sospechando de la gente que rodea a nuestra pareja, porque eso significa que nos estamos olvidando de nosotros, de nuestras metas, de lo que deseamos. Si estamos tan al pendiente de la vida de nuestra pareja, ¿qué tiempo le dedicamos a la nuestra?

Los celos no son normales porque no podemos normalizar vivir con malestar, con miedo, con nudos en el estomago. Además, se trata de un comportamiento que podemos transformar: así como lo aprendimos lo podemos desaprender. Primero, aceptemos los celos como una parte de nosotros que es necesario trabajar desde lo individual y no exigiéndole a la pareja que cambie, que deje de tener amigos o amigas, que dedique su vida a la nuestra.

Para Claudia, los celos han sido un problema en todas sus relaciones de pareja, ella ya lo identificó:

Soy muy celosa y he terminado todas mis relaciones porque llega un momento en que me da mucha ansiedad imaginarme a mis novios con alguien más. Al principio, aguantaban y me daban el avión o trataban de explicarme que la razón de mis celos no tenía sentido.

Con el tiempo todos se cansan de que les pida las contraseñas, de que tengan que borrar amigas o que dejen de hablar incluso con sus primas. Lo peor es que si ellos llegan a ceder y yo llego a tener todo el control, ni siquiera eso puede darme seguridad. Todos se cansan de estar con alguien posesivo en algún punto; tarde o temprano los celosos nos quedamos solos.

Vigilar al otro, estar al pendiente de lo que hace, es una ilusión que nos compramos y creemos real; es decir, podemos llegar a sentir que espiar a nuestra pareja es parte de la relación, pero no siempre podemos lidiar con lo que sentimos si encontramos algo que no nos gusta, y eso es más común de lo que pensamos.

En México, de acuerdo con el estudio Hábitos de los Usuarios de Internet, uno de cada dos siente celos o enojo cuando revisa las publicaciones que hace su pareja en sus redes sociales. Mientras que 43% de los entrevistados admitieron haber espiado el celular, la tableta o la computadora de sus parejas, y claro, a la mitad de ellos no les gustó lo que encontraron.

Cada quien usa su Facebook, Instagram o Twitter como quiere, pero a mí no me gusta la idea de tener pareja y que se la pase poniendo corazones o piropeando a cuanta amiga tenga. Por eso las relaciones no duran y para qué decirle a alguien que está muy guapa o lo que sea si ya hay una pareja: mejor se lo decimos a esa persona especial para que no se desgaste el amor en otros muros.

Para Mayté los piropos son personales, se dan sólo en una relación de pareja. Saber qué es lo que sí aceptamos y qué no nos gusta es parte de hacer acuerdos en la relación, pero no siempre estamos dispuestos a seguirlos. Es necesario hablarlo porque, para muchos, esto puede sentirse como una persecución, como una invasión a la vida privada:

El mal uso de las redes en las relaciones de pareja ayuda mucho a que existan temas de celotipia. Tenía un novio que me vigilaba por WhatsApp y por Facebook. Se hacía perfiles falsos para probar si yo era fiel, y terminé cansándome de ese control. Las personas que tienen inseguridades utilizan las redes para sentir que tienen el control sobre la otra persona, pero nunca trabajan para tener el control sobre ellas mismas y sus emociones.

Luisa también me contó que llegó a compartir sus contraseñas y hasta su ubicación en tiempo real. Pero no es la única: muchas personas en los casos que conocí de cerca se sentían en una prisión más que en una relación, porque sabían que sus parejas revisaban su celular, y no decían nada para no tener problemas. Ésta es una de las formas de violencia más comunes entre parejas: no es normal pedir y dar contraseñas, no es normal que revisen tu celular, todos tenemos derecho a nuestra privacidad.

#LosCelosNoSonAmor

La tecnología no es la culpable de que los celos sean un conflicto en las relaciones de pareja, pero sí ha facilitado las formas de control, por lo que es muy importante que identifiquemos que hay conductas que son una invasión a nuestra privacidad.

> Tengo cinco años de noviazgo y cuatro de que no tengo agregada a mi novia al Facebook. Es lo mejor que hemos hecho como pareja. Desde entonces nadie se enoja ni preguntamos "¿y ése quién es?", "¿de dónde la conoces?" o "¿desde cuándo es tu amigo?". El primer año de noviazgo fue una pesadilla, los dos nos volvíamos locos de celos. Había muchos problemas y por eso decidimos eliminarnos y que cada quien hiciera con su muro lo que le diera la gana. Tenemos fotos juntos, no nos presentamos como si fuéramos solteros; es importante que nuestros amigos sepan que andamos, pero mejor que cada quien le mueva como quiera, y los mensajes amorosos nos los enviamos por WhatsApp.

Los celos tienen que ver con cómo nos han enseñado a amar, con nuestros apegos vividos durante la infancia, con las historias de amor con las que crecimos, con todo un complejo sistema social del que somos parte, y por lo tanto no podemos dejarle toda la carga al celoso diciendo simplemente: "Tienes un problema". Mejor aprendamos a hablar sobre ellos, como hicieron Antonio y su pareja, quienes al final decidieron no compartir sus redes sociales.

Se dice que aquellos que son celados están más dispuestos a cancelar citas, a no ir a fiestas, a limitar sus amistades y sus tiempos para "no tener broncas", pero, a largo plazo, si no se salen de esas relaciones, renuncian a una vida social y económica independiente.

> Soy actriz y me tocó estar en una obra que sería muy importante para mi desarrollo profesional. Tenía que hacer una escena donde debía besar a un compañero. Mi novio de ese tiempo se enojó tanto que terminé desobedeciendo las indicaciones del director. Salí de un problema para entrar en otro.
>
>

Está bien que entendamos que los celos se sufren y está bien querer comprender y ayudar a nuestra pareja. Lo que no debemos permitir es que su comportamiento cambie nuestras vidas, limite nuestra interacción con los demás, condicione nuestros proyectos de vida o hasta nos llegue a costar el trabajo, como le pasó a Mariana.

Voy a confesar que, al principio de mi relación, a mí también me ponía celosa ver que Juan Ángel tenía escenas de besos en las novelas o películas en las que trabajaba. Cada vez que me tocaba ver un beso, mejor le cambiaba, sentía un hoyo en el estómago. Pero tuve que comprender que ése es su trabajo y que no podía condicionar su amor o prohibirle cosas para que yo no me sintiera mal.

Somos responsables de nuestras acciones y de lo que hacemos con nuestros sentimientos. ¿Cómo superé mis celos? Preguntándome si tenía sentido ponerme triste, aceptando que es parte de su trabajo, haciéndome consciente de que actuar es algo que él ama y que de ninguna manera tengo yo derecho a limitarlo.

> **No hay que avergonzarnos de sentir celos; hay que cuestionarnos qué es lo que hacemos con esa emoción y de qué manera afecta nuestra vida y nuestra relación de pareja.**

Estar en pareja significa que tendremos que aguantar este ir y venir de la otra persona, porque cada uno necesita regresar a su individualidad. Hay que tolerar la distancia, aprender a separarnos y disfrutarnos cuando estemos cerca.

> Me gustaba sentir que mi pareja me celaba, y entonces lo provocaba. Grave error. Lo que era un juego para mí, para él era una ofensa, y poco a poco la relación se convirtió en una pesadilla. Hubo violencia, mucho maltrato verbal, terminé sintiéndome paranoica, insegura, vigilada. Terminé a los dos años, y por esta mala experiencia me quedó muy claro que los celos no son amor.

Para Aída los celos no fueron una situación de romance y amor. Para su ex tampoco fue una novela de caballeros y damas que necesitan ser rescatadas. Por eso digo: cada pareja tiene una situación específica que no se parece a otras, y la forma de superar los problemas es distinta para cada quien. En este caso, ante la violencia y el maltrato, no había de otra: no se puede estar en un ambiente peligroso para los dos.

Es curioso observar que las personas que están tan preocupadas por cuidar a su pareja dejan de interesarse y poner atención a la relación misma. En lugar de preguntarles a sus parejas cómo les fue, qué tal la escuela, el trabajo o cualquier cosa que tenga que ver con proyectos personales, con su día a día, empieza otro tipo de cuestionamientos: ¿por qué tan tarde?, ¿con quién estuviste?, ¿dónde estabas? Los celosos se interesan por lo que hace el otro, pero desde la vigilancia, el interrogatorio y la necesidad de control.

Se dice que aquellos que son celados tienen un porcentaje de posibilidades de salir de la relación y de poder sanarse más amplio, porque la ruptura es aislarse, sanar y reiniciar con alguien más. Mientras que a la otra parte, es decir, al celoso, le toca enfrentar la ruptura y enfrentarse a sí mismo con estos sentimientos y emociones personales que casi siempre lo hacen sentir culpable.

Cada vez que iniciaba una relación me sentía obligado a decirles a los futuros novios que yo era una persona muy celosa. Las últimas veces sentía que me confesaba ante gente que ni me conocía y apenas me apreciaba, pero a la que le tenía que advertir que era alguien malo. Lo mejor que me dijeron fue "Pues ya ni modo". Comencé una relación que lleva tres años y en la que él ha sabido ser paciente y amoroso. Durante mis crisis de celos, él nunca se puso violento. Más de una vez decidió guardar silencio, esperar a que terminara de hablar, y sólo entonces me pedía que pusiera atención a mis palabras, a lo que estaba diciendo y a la manera en que me sentía. Cuando yo me rompía de tristeza, él me abrazaba y sentía que todo volvía a estar bien. Jamás me ha dicho que estoy loco o que todo lo entiendo mal por mis celos. ¿Cómo no bajarle a la angustia si tu pareja te entiende? Además decidí iniciar un trabajo personal en terapia. Ahora me siento más seguro para hablar de mi problema y me ha ayudado mucho.

Saúl encontró en Omar paciencia y disposición, pero esto no era suficiente para permanecer en la relación. El trabajo que hacemos para superar todo aquello que nos hace daño depende de nosotros y no de la pareja. Decidimos cambiar por nosotros mismos, hacemos cosas para mejorar y esto se refleja en nuestras relaciones.

No existe una lista de características que podamos tachar para elegir pareja. Pero lo que sí podemos hacer es preguntarnos cómo nos sentimos cuando estamos con alguien, si podemos sentir seguridad y afecto o si más bien nos da miedo y tenemos que cuidarnos de todo lo que decimos, hacemos, publicamos y contamos.

Si, por otro lado, aceptamos que somos celosos y que esto se ha convertido en un problema para relacionarnos, entonces no hay que vivirlo con vergüenza: hay que identificar qué podemos hacer con ese sentimiento y cómo enfrentarlo.

Es verdad que todos hemos sentido celos en algún momento, pero esto no quiere decir que sea algo normal y que lo tengamos que sufrir.

> **No nos acostumbremos a vivir en situaciones violentas, peligrosas o en las que simplemente no nos sintamos seguros.**

#¿YoInfiel?

Llevaba tres años con mi novia y ya nos íbamos a casar, pero unos meses antes me enteré de que me engañaba con su mejor amigo. Además de cornudo no me bajaron de estúpido, porque para la gente era imposible creer que no me diera cuenta de la infidelidad. No perdí dinero, pero sí el interés por volver a tener una relación. Se va a oír mal, pero me cuesta trabajo creer en las mujeres.

Una infidelidad puede marcarnos para toda nuestra vida o convertirse en una experiencia superada que nos deja aprendizajes y nos hace elegir mejor en un futuro. Por supuesto, todo esto requiere su tiempo. Es entendible que Eleazar sintiera desconfianza, pues cuando contó su historia, tenía cuatro meses de haberse enterado de la infidelidad de su ex, y superar la traición no debió haber sido algo fácil.

El sentimiento de traición lastima profundamente y obliga a pasar por varios duelos, a enfrentarnos con muchas pérdidas. No sólo es terminar o no una relación: es todo lo que sigue después y lo que viene para nuestra vida.

Cuando nos enteramos de que nuestra pareja nos ha engañado, perdemos la confianza en ella y hasta en nosotros, si es que llegamos a compararnos, a medirnos, a pensar que la falta es nuestra. ¿Y sabes algo? Una infidelidad nunca es culpa de la persona engañada, porque las decisiones son propias, nadie puede influir en lo que otra persona decide o no.

A veces, también tenemos que terminar con algunos amigos, incluso con la familia de la otra persona, y esto, sin duda, nos lleva a replantear nuestras creencias, nuestros proyectos de vida, y en el mejor de los casos nos hace reflexionar sobre cómo establecemos nuestros amores.

Helen Fisher, la antropóloga especialista en relaciones, dice que más del 50% de las personas casadas han estado involucradas en alguna infidelidad. Diversas investigaciones sociales, antropológicas y psicológicas confirman que los seres humanos no somos precisamente monógamos por naturaleza. La monogamia es un acuerdo social y cultural que casi siempre damos por hecho.

La infidelidad no es un evento tan fortuito, desencadena confusiones, desencuentros, enojos y rupturas en las relaciones. La infidelidad no es algo que se haya dado al azar en las historias que he conocido: los protagonistas aceptaron que hubo un momento en el que se hicieron la pregunta "¿va o no va?".

> ¿Qué es eso de que fue algo que se fue dando? ¿Cómo que no me di cuenta cuando ya nos estábamos besando? ¿A poco sí, sin querer y por casualidad, ya tuviste onditas sexuales con tu mejor amigo o con tu mejor amiga y ni gay eres? ¿Es de verdad que creen que con esas explicaciones van a conseguir que su pareja los perdone y diga: "Aaaah, claro, fue sin querer, no hay bronca, te perdono que me hayas sido infiel". ¿Cuatro veces? ¿Cinco? Es más, con una: esa primera vez no pudo haber ocurrido por casualidad. Para mí las infidelidades son cosa de decidir si vas o no a poner el cuerno.

Justificar una infidelidad como si fuera algo casual parecería ser la mejor solución para tratar de no quedar como alguien que miente o que traiciona la confianza de la pareja, pero, como dice Aldo, ésta es una solución poco creíble y hasta más dolorosa. Aceptar un engaño puede ser mucho mejor para quien lo vive; lo ayuda a superarlo.

Es importante ser sinceros, por lo menos después de la infidelidad, y tomar responsabilidad de nuestros actos. No para castigarnos o vivirlo con culpa permanentemente, sino para cuestionarnos cómo pensamos nuestras relaciones, cómo las desarrollamos y qué papel tiene la otra persona en nuestra vida. Hay que reconocer los afectos que construimos, las palabras que decimos, las promesas que hacemos.

Maya, una chica de 25 y en una relación de tres años, me contó que no fue complicado decir que no:

> Llevaba tres años en ese trabajo cuando lo conocí. Él era nuevo en la oficina y me gustó desde que lo vi. Bueno, la verdad es que los dos nos gustamos muchísimo. En ese tiempo, yo tenía como año y medio de recién casada, y aun así, debo admitir que hubo bastante coqueteo y miraditas. Salimos nada más en reuniones con nuestros compañeros, y claro, el día que se dio el tema del beso, tuve que voltear la cara. No fue un reflejo, fue una decisión bien pensada. No quería arriesgar mi relación estable por un beso o por todo lo que siguiera después. Para mí, la infidelidad se va cocinando, porque ese deseo, esas ganas son lo que nos motiva a engañar. Pero también creo que ya depende de uno si dices que sí o si decides que no.
>
> ♡ 👍 🗨 ↪

Deseamos lo que no tenemos. El deseo crece entre más distancia haya; por eso es importante que cada quien construya su mundo, su individualidad. ¿De qué podrían hablar si todo el tiempo compartieran el mismo espacio, los mismos amigos, las mismas cosas? Por eso las relaciones cuando recién están empezando nos emocionan, nos ponen a mil porque nos gusta sentirnos deseados.

Nos han enseñado que cuando tenemos pareja somos exclusivos y que la fidelidad es parte de estos acuerdos. Para los que ven el amor desde la posesión, la fidelidad es una prueba necesaria de entrega, de obediencia y hasta de sometimiento, pero eso no es amor real.

> **Hay que preguntarnos ¿por qué decido ser fiel?, ¿es parte de un acuerdo?, ¿es algo que realmente quiero? Antes de acordarlo con la otra persona tendríamos que preguntarnos si es algo que realmente deseamos o no.**

#SecretosYPurasMentiras

La infidelidad se vive desde el secreto, desde lo oculto. En el momento en que los dos decidan que cada quien puede salir con otras personas deja de llamarse infidelidad y se convierte en una relación abierta.

Hay que decir que estas historias en las que hay tres personas se viven con tres roles específicos: los traidores, que son quienes ponen el cuerno; los malos, que son los terceros en discordia, y las víctimas, que son las personas que viven engañadas. Pero te propongo que nos quitemos estas etiquetas y profundicemos. La verdad es que el engaño pocas veces tiene que ver con el deseo de molestar y hacerle la vida imposible a la pareja.

Lo malo con los roles es que limitan la vida de cualquiera y la idea que tenemos de relación, porque la reducimos a estos tres personajes de novela, y además, hay quienes desean castigarlos. Por eso es que las recetas para resolver situaciones amorosas no sirven; somos tan complejos y tan diversos que no podemos resumirnos en un rol dramático.

La infidelidad en las historias que más me han compartido tiene que ver con la culpa por no sentirse suficiente para la pareja, o con que había un mal comportamiento, o con que simplemente no estaban obedeciendo los deseos de la pareja. En las buenas relaciones de pareja, en las más divertidas, en las más exitosas, no hay subordinados, ni uno que mande, ni uno que obedezca.

> En la prepa anduve con el chico más guapo de la escuela, que me pedía que estuviera en mi casa cuando él hablara por teléfono. Como siempre estaba con mis amigas, pues no llegaba a tiempo a mi casa, y él terminó por enojarse y ponerme el cuerno. A los seis meses volvimos y decidí no provocarlo para que no se enojara. Entonces hacía lo que él me pedía, pero esto no fue suficiente porque después de andar un ratote con él, me volvió a poner el cuerno con otra amiga.
>
>

Karla comprobó que ni cambiando por una persona podemos garantizar que la fidelidad este ahí. Muchas historias de desamor son narradas desde la inconformidad, pero los protagonistas continúan en ellas; desde el cansancio, pero también desde el aguante, esperando que las cosas cambien. Hay parejas que no son muy parejas y nos piden que cambiemos. Lo cierto es que ningún cambio será suficiente.

Algunas parejas tradicionales suplican fidelidad, pero terminan haciendo demandas absurdas como las que nos cuenta Karla: "Deja de ver a tus amigos", "vístete así", "a tal hora quiero llamarte y espero que me contestes". Pero también en las relaciones abiertas, en las que desde un inicio se establece que ambos pueden salir con otras personas, pueden surgir vínculos de abuso.

Tener más de una pareja sin que las demás lo sepan es infidelidad, no nos engañemos. La trasparencia y la responsabilidad por compartirnos con más de una persona debe involucrar a todos. Se trata de terminar con los secretos, con las traiciones, para lo cual las reglas del juego tienen que ser claras.

#ParejasAbiertas

Fui infiel porque mi novia no quería tener una relación abierta. Duramos casi un año y terminé con ella porque me sentí muy mal de estar engañándola y no hablarlo de frente. Todavía la extraño y la quiero mucho, pero a mí no me gusta la monogamia, y aunque lo intenté, entendí que lo mejor era terminar. Yo sabía que ella me quería, que le gustaba y que estaba muy contenta conmigo. Yo también la quería, pero se me hacía muy difícil no besarme con otras chavas en algún antro o cuando tenía que salir de viaje y ella no podía acompañarme. No le fui infiel porque ella no me quisiera o no me deseara; le fui infiel porque no me gusta pensar en la exclusividad sexual como opción y era mejor vivir sin mentiras.

Hay quienes dicen que prefieren ser leales antes que fieles, y es que la lealtad no tiene que ver con exigir del otro una exclusividad de cualquier tipo, sino con el compromiso que establecemos para estar cuando la otra persona nos necesita, con no defraudarnos o cambiar nuestras ideas. ¿Qué tan leal eres? La fidelidad es importante, claro, porque se trata de un acuerdo que se hace en pareja. Romperlo es fallarle también a la otra persona.

Creo que Arturo es un buen ejemplo de esto al no haberse traicionado y quizá fingir que estaba en una relación monógama. Tampoco obligó a su ex a que iniciaran una relación abierta, y esto creo que pasa poco, porque muchas veces nos podemos sentir obligados a mantener una relación en la que los acuerdos no nos convencen del todo, pero ¡estamos tan enamorados! Lo mejor es ser leales a nuestras ideas y a nuestros sueños. Si nuestra futura pareja no está de acuerdo, ¡exploremos! Pero sobre todo, seamos claros.

La relación abierta es un vínculo amoroso en el que ambas partes responsablemente acuerdan libertad para tener relaciones afectivas y sexuales con otras personas. No hay infidelidad, porque la monogamia no es obligatoria si las dos partes están de acuerdo. Se trata de un acuerdo equitativo, honesto, con reglas claras.

Con todo y acuerdos, es probable que los involucrados ni siquiera mantengan encuentros fuera de su relación principal. Algo que por lo general se cree es que quienes aceptan estar en una relación abierta de inmediato se llenan de personas con las que conviven sexual y amorosamente, ¡y no!

Eso de que de pronto tienen tres o nueve parejas es más bien una fantasía. Si entenderse con una sola persona puede ser complicado, ¿te imaginas coordinarnos con 10 o 15? Para las relaciones abiertas se requiere mucho autoconocimiento, saber sentirnos, tener claro quiénes somos, saber qué estamos buscando en nuestras relaciones con otros.

Las parejas abiertas se definen generalmente como aquellas en las que existe un vínculo afectivo importante, continuidad en el tiempo, compromiso social, y tiene todas las características de un noviazgo, con excepción de la exclusividad sexual y del compromiso de fidelidad, al menos en el sentido clásico. Así es por lo menos para Jesús, quien lleva ocho años viviendo con alguien con quien acordó ser una pareja abierta:

Cuando nos fuimos a vivir juntos, ella me propuso que fuéramos una pareja abierta. Al principio no me gustó, pero después me cuestioné por qué. Y era porque no me agradaba pensarla a ella con otro que no fuera yo, que compartiera su cuerpo y que no fuera conmigo. Cuando lo entendí, me di cuenta de que estaba siendo muy posesivo y llegué a la conclusión fácil de que yo no le era suficiente. Primero lastimó, según yo, mi hombría, y después me di cuenta de que yo también me estaba limitando y me pregunté: "¿Realmente podrías mantenerte fiel toda la vida?". La respuesta fue no. Después de analizar todo este tema, decidí hablarlo y abrirme con ella. Al final concluimos que por lo menos el tema de la infidelidad no iba a jugar en nuestra relación. Acordamos ser una pareja abierta con un montón de detalles, y ahora eso de ser infieles no nos quita el sueño.

No existe un solo modo de hacer pareja: no tiene que ser un matrimonio o vivir en unión libre.

Hay muchas formas de crear acuerdos y de sostener relaciones de afecto con otras personas. Y no, las relaciones tradicionales no son perfectas como tampoco lo son las relaciones abiertas. Las segundas ofrecen la oportunidad de gestionar de una manera más realista los afectos y el deseo sexual, pero tampoco significa que sean mejores. Cuestionemos nuestras creencias; de eso se trata: de saber sobre nuestros deseos y no seguir los que nos dicen que tenemos que seguir.

A veces, nos acostumbramos tanto a las relaciones de engaño y de mentiras que se pueden volver una constante en la forma como hacemos pareja. Pero estas experiencias pueden ayudarnos a mirarnos y cambiar.

> Después de tener un novio que me engañaba, empecé otra relación con alguien que creí que era soltero hasta que, después de muchas salidas, me terminó confesando que tenía novia. Y pues accedí a seguir con él a pesar de su otro compromiso. Al año de andar con él me enteré de que se iba a casar, y sufrí mucho, moría. Después, tuve otro novio que también me engañó con una amiga y que luego de un tiempo me pidió que regresáramos, pero no rompió su compromiso. No duré demasiado tiempo con él porque me di cuenta de que no tenía caso. La cosa es que te dicen que son sinceros; te proponen que no seas tú la novia y aceptas siempre. ¿Qué onda? Actualmente yo tengo una relación abierta. ¿Será que lo que vives te marca?

Las experiencias de vida nos marcan y aprendemos de ellas. Hay quienes llegan a las relaciones abiertas porque el modelo tradicional no las convence. Puede ser que para

Karina, sus experiencias en el amor la hayan llevado a tener relaciones menos rígidas pero no por eso menos serias o sin compromiso. Existe el mito de que estar en una relación abierta es mucho más fácil porque ¡no hay reglas! Y no es así. Todo lo contrario.

Dentro de la diversidad en la que vivimos, existen mil formas de amar y de amar a más de una persona. Y por eso se requiere llegar a muchos acuerdos y establecer límites muy claros. Por ejemplo, pueden decir: "Puedes tener relaciones sexuales, pero no puede ser en la ciudad en la que vives" o "No quiero saber con quién, ni cuándo ni en dónde". Es decir, podemos abrir la relación, y sí, poner reglas, pero ¿estamos dispuestos a respetarlas?

Como te puedes dar cuenta, hay un montón de maneras de llegar a acuerdos. Hay a quienes les funciona tener parejas exclusivas y quienes prefieren estar en relaciones no monógamas. Sea cual sea la decisión, es algo personal y se elige en libertad.

#Poliamorosos

En general, podemos decir que las parejas abiertas son aquellas que permiten las experiencias sexuales con otras personas. Se basan en acuerdos y en definir cómo será la relación, pero, ante todo, se espera que la otra persona no se involucre emocional o sentimentalmente con los otros.

Mientras que en el poliamor, las relaciones no tienen límites ni afectivos ni románticos ni sexuales. Es más: la amistad también está presente. Una de las diferencias es que no hay una pareja con la cual el vínculo sea más valioso que con otra; no hay una relación principal y otras satélite.

Soy poliamorosa y actualmente estoy en una relación con tres personas. La diferencia con las relaciones abiertas es que no existe una jerarquía entre nosotros. O sea que no hay una relación más importante o favorita y entre los tres hay distintos acuerdos. Para el poliamor, hablar de parejas primarias es igual que las relaciones de poder que dicen quién vale más que la otra persona. Y eso es lo que nosotros no pensamos ni queremos, porque sería como usar a otros y la pareja principal se ve más beneficiada. ¿Por qué? No se trata de dar permisos, sino de que cada quien se relacione con quien sienta afinidad y desde la honestidad.

Cuando Tanya nos habla sobre la jerarquización de los afectos, se refiere al concepto de *anarquía relacional*, un término propuesto por primera vez en 2006 por la activista y productora de videojuegos sueca Andie Nordgren, que básicamente explica que "el amor es abundante y cada relación es única".

Los que se identifican con el anarquismo relacional sostienen que se puede amar a más personas y que lo que se siente por uno no disminuye el amor por otro. O sea, no hay ni parejas primarias, ni parejas satélite, ni se tienen que etiquetar para decidir si el vínculo es real o si existe o si es el más fuerte. Se trata de relaciones completamente independientes.

Creo que el poliamor es todo lo contrario a lo que la gente se imagina, porque hay muchos compromisos de por medio. Es necesaria mucha comunicación, y además, nos revisamos constantemente, nos cuestionamos de manera individual nuestras creencias, las que vamos aprendiendo, las que nos inculcaron. Todos lo piensan desde lo sexual, y no es así. Para que funcione, las personas con las que te relacionas deben estar en tu mismo canal, comprometerse afectivamente y hacerse responsables de los vínculos que están construyendo. También puedes dejar de ser poliamoroso, porque no es una secta. Los seres humanos cambiamos siempre. ¿Por qué no pensar que también cambian nuestras formas de relacionarnos con los demás?

Las relaciones poliamorosas deben tener como eje central la conversación y la comunicación; éstas deben practicarse siempre y no sólo en caso de emergencia o cuando sentimos que estamos en medio de un conflicto. Pero ¿acaso esto no debería ser así en cualquier tipo de relación amorosa que tengamos? Estamos tan acostumbrados a que las personas nunca digan lo que realmente piensan o sienten que tenemos que leer entre líneas para averiguar lo que de verdad quieren decir.

#Dinero

Para mí, sí hay una relación directa entre el dinero y el afecto. Cuando me invitan a salir y sé que me están tirando la onda, lo que hago es llevar dinero y pagar lo mío. De otra manera siento que a cambio de salir a comer o ir a un concierto yo tengo que pagarlo de alguna manera. Muchas veces me he sentido obligada a dar un beso de despedida sin tener ganas, por eso prefiero no aceptar nada para no comprometerme a hacer algo más.

> La forma como nos manejamos respecto a lo económico dice también mucho de cómo nos relacionamos desde lo emocional y el rol que adquirimos en la pareja.

Melisa me contó que para ella en toda relación existe un intercambio. A lo mejor no es algo que esté acordado, pero hay quienes tienen reglas no escritas que prefieren seguir.

Cada vez que preguntamos en algún sondeo quién debía pagar en la primera cita, la respuesta más popular fue que los hombres. Funcionaba igual entre las parejas del mismo sexo, porque en todos los casos hablamos de roles de género.

Pensar que quien paga manda o que quien tiene dinero será la persona que defina el rumbo de la relación es limitar nuestras experiencias de conocer a alguien. Y si una de las dos partes se siente incómoda, ¿por qué tendría que continuar esa primera cita?

Si creemos que irse a mitades es menos problemático, nos estamos equivocando. Según una investigación realizada por Janet Lever, profesora de sociología de la Universidad Estatal de California, Los Ángeles, más del 75% de los hombres encuestados dijeron que se sienten culpables cuando aceptan el dinero de las mujeres.

Si podemos sentir culpa tanto hombres como mujeres en una primera cita, esto es una buena oportunidad para cuestionarnos "¿cómo me siento frente al dinero?", "¿cómo sería mi relación de pareja?". El dinero puede ser un tema muy difícil de tocar, pero creo que resulta necesario hablar de él si vamos a iniciar una relación.

Hagamos un breve listado de frases que aluden al dinero; por ejemplo: "Con dinero todo se puede" o "quien paga manda". Y ahora frases que se dicen comúnmente en las relaciones: "¿Valdré la pena?", "¿seré suficiente?" o "siempre soy yo quien da más y no recibo nada". Lo que decimos es reflejo de cómo constantemente medimos al otro y a nosotros mismos desde lo que tenemos, lo que ganamos y lo que gastamos.

Cuando Juan Ángel y yo decidimos irnos a vivir juntos, fue muy rápido, pero también fue algo muy consciente, y necesariamente tuvimos que hablar de los gastos. Éramos una pareja de novios que decidía irse a vivir juntos, muy enamorados y todo, pero también responsables.

Como los dos crecimos en contextos muy parecidos, no fue difícil plantear lo que queríamos y qué gastos eran importantes. Esto también nos sirvió para proyectar nuestra vida de pareja en un futuro.

Ahorramos mucho para un fin común y nos decimos cuánto puede poner uno y cuánto puede el otro. Porque estamos conscientes de que estar en pareja no siempre es poner mitad y mitad: unas veces uno puede y otras veces no. Para mí, de eso se trata, de confianza, de apoyo mutuo y de ser solidarios.

Cuando decidimos vivir en pareja, primero hay que charlar sobre lo que podemos pagar y lo que no, en dónde viviremos, de cuánto será la renta, o si solicitaremos un crédito para comprar una casa, cómo lo vamos a solventar.

También implica hablar sobre los planes en pareja y los personales: ¿viajaremos?, ¿queremos tener una casa?, ¿cuánto gastamos en ropa?, ¿quiero un auto propio?, ¿necesito prepararme y seguir estudiando? Algunas son decisiones que dependen de tus metas individuales, pero, al vivir en pareja, compartirlas es mejor; se trata también de la creación de tus propios sueños, y además, te evitas muchos conflictos.

Las relaciones de pareja casi siempre las basamos en expectativas muy altas: creamos metas quizá un tanto inalcanzables, queremos que nuestras parejas sean exitosas socialmente, que tengan dinero, un trabajo, proyectos, casa, muebles, auto… ¿Qué tanto pueden afectarnos estas exigencias?

Cuando me casé mi esposa y yo ganábamos bien y teníamos un muy buen trabajo. Durante los primeros tres años de casados la pasábamos increíble: había viajes, rentábamos un departamento en una zona más o menos exclusiva, había cenas y regalos sorpresas. La verdad nos iba muy bien. Pero nos despidieron en un recorte de empleo que hubo y desde ahí todo cambió. Estábamos muy endeudados, por todos esos lujitos que nos habíamos dado. Desde entonces ya no salimos como antes, dejamos de ver a algunos amigos, nos dejamos de sentir bien en la relación porque ya no éramos una pareja exitosa, nos tuvimos que ir a vivir a casa de los papás de ella. A nuestros 29, parecía que lo teníamos todo y lo único con lo que nos quedamos fue con deudas y muchos problemas en la relación.

La relación de Adrián coincide con muchas de las historias que he conocido de parejas jóvenes que, al sentirse presionadas por demostrar que son exitosas, no miden el costo que están pagando. Y las peleas por dinero casi siempre terminan en ruptura.

El dinero es algo que tenemos que enfrentar todos los días y es vital, pero tampoco debería convertirse en nuestra mayor prioridad. Si lo tratamos como si fuera aún más importante que nuestra pareja, ya te podrás imaginar el final.

> Tengo 24 años y trabajo desde que tenía 18. Para mí es importante tener dinero para lo que yo quiera, desde salir con mis amigos hasta para invitar a salir a mi novio. Para mí el dinero es lo que me da diversiones y también gustos. Mis amigas me dicen que no debería pagar lo de mi novio, pero tampoco me gusta privarme de algo sólo porque él no puede pagárselo. Y no es que me tenga que dar algo a cambio, sólo creo que la pasamos bien juntos mientras los dos lo decidimos así.

♡ 👍 💬 ↪

Mariel no se deja llevar por lo que le dicen sus amistades; tampoco se siente con una superioridad sobre su pareja, y creo que es así como "lo mío es lo tuyo" debería funcionar, sin exigir intercambios o reembolsos emocionales. A lo largo de todos los programas, entendí que lo mejor es que cada uno cuente con independencia financiera. Esto desahoga muchos conflictos en la relación.

Las discusiones por dinero son más fuertes, más dolorosas y las peleas duran mucho más tiempo.

En un estudio realizado por la Universidad Estatal de Kansas, se encontró que estos pleitos son mucho más intensos, se usa un lenguaje más duro que por otros temas y provocan que la relación se desgaste y la motivación por la pareja desaparezca.

En los programas que hice sobre relaciones de pareja y qué tanto se sentían libres para hablar de su sexualidad o del dinero, podría decir que estamos más o menos en la misma situación: no hablamos de sexualidad y tampoco de gastos, deudas, ahorro o proyectos; la mayoría de veces existen acuerdos de confidencialidad que se dan por hecho. Ya sea durante el noviazgo o cuando decidimos vivir juntos, muchos de los proyectos no se hablan y, por lo mismo, no se visualizan como algo posible, se quedan en el aire y cuestionan las expectativas que teníamos de la relación.

> ¿Nos preguntamos si queremos tener hijos? Bueno, para muchos esto es algo escandaloso porque ¿qué van a decir? Que estoy desesperado o desesperada por tener un hijo y pues me voy a ver ansioso. Lo mismo pasa con el dinero: ¿nos preguntamos si queremos tener una casa juntos? Menos voy a hablar de eso, porque entonces es como si quisiera amarrar a alguien para siempre en mi vida y así es como lo pasamos, sin planear nada en una relación, como tener hijos, tener un patrimonio, planear un futuro… Estamos educados para pensar que tenemos que vivir el momento y que hay que disfrutar. Si todo es rapidito y por el puro gusto, ¿para qué hablar de hijos o de comprar una casa?

Rafael hizo esta reflexión cuando le preguntamos sobre cómo veía las relaciones de pareja y el dinero. Ahora yo te pregunto a ti: ¿qué tan importante es tener un plan de vida y una cuenta de ahorros?

> **El dinero nos da independencia o nos la quita. Mantener una vida económica independiente no sólo te da tranquilidad financiera, también te hace sentir que estás a cargo de tu vida porque tus decisiones no dependen de si le parecen bien o no a tu pareja.**

* ¿Cómo cuidas tu dinero?
* ¿Qué tan bien administras el dinero?
* ¿Qué pasaría si un día tu relación termina?
* ¿Podrías irte de tu casa y empezar un nuevo plan de vida?

Y si al final tú crees que quien paga es el que manda, sería bueno profundizar en ese pensamiento: ¿de dónde vienen nuestras creencias sobre el dinero y el amor? A veces, sin darnos cuenta, podemos ser abusivos al creer que por medio de los recursos económicos podemos disponer del tiempo o de las decisiones de la otra persona. ¿No te parece que es algo demasiado injusto?

Para saber si nuestra pareja será buena compañera en la vida o no, quizá lo primero que deberíamos preguntarnos es: ¿Cómo me hace sentir? Por lo general, les creemos más a las palabras que nos dicen que a los hechos, que hablan por sí solos. Hemos perdido la capacidad de analizar nuestras sensaciones y sentimientos, que son básicos para entender cualquier relación.

Si bien es cierto que el comienzo del noviazgo es idílico, también es verdad que, si somos observadores, desde el primer momento hay señales de lo que nos gusta y nos disgusta de una persona. Es aquí donde hay que poner atención. Nadie nos dará todo lo que soñamos, así que la pareja es un compañero, no un suministrador de lo que necesitamos. Es nuestra tarea comprender lo que es importante en la relación para nosotros y dejarlo muy visible. La pareja no tiene por qué adivinarlo si no lo decimos y mucho menos hacer que eso suceda. La relación es trabajo de dos. Sin embargo, es bastante difícil ponerse en los zapatos del otro cuando estamos heridos, y es aquí donde peleamos y discutimos en lugar de comunicar y negociar nuestras necesidades.

Entre más fuertes nos sintamos para expresar nuestras emociones, más claro le podremos trasmitir al otro nuestro sentir, aunque esto no garantiza que lo pueda comprender de la misma manera que nosotros. Aquí pueden surgir también los desacuerdos y resentimientos, pues sentimos que no somos vistos ni tomados en cuenta y, por lo general, culpamos al otro y empezamos una relación de lucha de poder, donde cada uno pelea porque su punto de vista es el bueno y, en consecuencia, descalifica y anula al otro, lo que sin duda nos aleja de la posibilidad de llegar a un acuerdo.

La habilidad de empatizar y tolerar momentáneamente los desacuerdos no significa que debamos aguantarlos para siempre. En el fondo, gran parte de las discusiones sucede porque no reconocemos quiénes somos, ni qué queremos en la vida, y se lo atribuimos a la pareja como el proveedor oficial, o a veces escogemos parejas que no comulgan con nuestros intereses, valores o educación, y con las que no podemos construir una relación sana.

El éxito de una relación está sustentado en la capacidad para empatizar, escuchar sinceramente lo que le duele al otro, lo que le es difícil explicar. En la capacidad de llegar a nuestras emociones, de comprometernos con nosotros mismos primero. No podemos aceptar compromisos que sean dañinos para nosotros, que no sean acordes a nuestros deseos en lo esencial (no caprichos). El compromiso necesariamente conlleva un objetivo común: es de dos para poder cumplirlo. La capacidad para generar acuerdos cuando hay diferentes puntos de vista, aunada a la responsabilidad mutua para que se llegue a la meta en común, son ingredientes indispensables que harán que la relación sea sana y satisfactoria, donde al conseguirlo ambos ganan.

DOCTORA ANA LUISA PÉREZ COMPEÁN

5

¿Cómo curar un corazón roto?

Las relaciones amorosas no siempre resultan como las imaginamos. Terminar con alguien es una de las experiencias más tristes y difíciles de enfrentar; es más, debido a esto muchos llegan a su primera sesión terapéutica, porque decir adiós requiere mucho valor y coraje para seguir adelante.

¿Quién no ha tenido que reparar un corazón roto? Las historias sobre desamor son variadas y únicas: cada una parte de circunstancias y motivos distintos; asimismo, la manera en la que terminamos y lo superamos depende de las herramientas emocionales que cada quien tenga a la mano en ese momento. No podemos hablar de que haya una forma perfecta para terminar una relación. La verdad es que nadie sabe cómo va a reaccionar hasta que lo vive.

> **Hay que reconocer que hay relaciones que no son para extrañarse. Podemos decir: "¡Qué bueno que se terminó!", y de todos modos, algo aprenderíamos de esa ruptura.**

A lo mejor nos preguntamos: "¿Por qué no terminamos antes?". Lo que siempre nos enseñarán las rupturas es quiénes somos en pareja y qué tipo de relación buscamos. Así que creo que un corazón roto puede ser también una manera de reconocernos, de reconstruirnos, de querernos otra vez.

Y sí, digo de querernos otra vez porque, en el momento de la separación, cuando estamos viviendo el dolor de la ruptura, nos abandonamos, nos ponemos tristes, nos angustia saber que ya no tendremos el amor de alguien más, y es lógico que olvidemos que deberíamos ser nosotros a quienes tenemos que amar. No es cosa fácil verlo cuando estamos en medio del desastre, sobre todo porque nos enfrentamos a la ruptura de nuestras expectativas.

Después de tener una relación abierta por siete años acabamos de terminar. Sin más, me dijo que ya tiene novia y lo supe porque publicó una foto en sus redes sociales. Obviamente, le reclamé que hubiera faltado a nuestro acuerdo de decirnos si estábamos saliendo con alguien más. ¡Me cayó como agua fría! Él sólo dijo: "Sabíamos que pasaría en algún momento, pero la amistad sigue para siempre entre tú y yo". Creo que siete años así no se borran tan rápido. Siempre en una relación abierta alguien sale lastimado, y esta vez fui yo.

No sólo rompemos acuerdos estando en un noviazgo o en un matrimonio. Incluso en las relaciones abiertas, modificamos o de plano quebrantamos todas esas reglas que mencionamos en el capítulo anterior. Para Karina, pasar siete años en una relación abierta no fue garantía de que ésta duraría para siempre.

A veces nos cuesta trabajo aprender a escucharnos y confiamos demasiado rápido. Karina también me contó que ésta no era la primera ruptura, sino que hacía cuatro años él le había hecho lo mismo; o sea, también encontró otra novia, no se lo dijo, ella se enteró, cortaron y al poco tiempo regresaron. Si eso pasó cuatro años antes, ¿ella tendría que haber sabido que la relación no duraría? ¡La verdad es que no! Muchas veces confiamos en esa persona a la que queremos, y eso es válido. No podemos culparnos, sino más bien preguntarnos "¿por qué me está pasando otra vez?".

Recomponernos de una ruptura requiere tiempo. Se necesita un espacio que debemos propiciar para escucharnos. No hay que ser tan duros con nuestro sufrimiento; muchas veces nos lastimamos más al reprocharnos por lo que está pasando, como cuando nos decimos "¡siempre me pasa a mí!" o "¡siempre termino perdiendo!". Pero no hay que castigarnos más. En lugar de tratarnos mal, mejor pensemos qué queremos y qué esperamos para una próxima relación. Si realmente creemos necesitar aventurarnos con una nueva pareja, ¡recuerda que no es obligatorio!

Después de que terminé con mi novia una relación de nueve años ya no me interesó salir con nadie más. Primero, porque sentí que había perdido mi tiempo y lo que menos quería era comprometerme otra vez. Además, encontrar a una mujer con la que me sintiera en confianza tardaría mucho tiempo, sobre todo en el tema de lo sexual. No me di ese tiempo para curarme, más bien me daba entre miedo y flojera volver a empezar. Pero al final creo que esos tres años sin pareja me enseñaron muchísimo sobre mí. Cuando les digo a mis amigos que tengo tres años sin novia se les hace mucho tiempo. Ser novios y tener planes a futuro está muy bien. Y sí, es algo que me gustaría en un futuro, pero por lo pronto estoy aprendiendo otras cosas.

Me gusta que René resalta cómo se siente ahora, lo que le trajo esa ruptura a su vida, y no los detalles por los que terminó. Es cierto que los motivos nos ayudan a comprender qué fue lo que pasó, pero es más importante lo que hacemos con eso que sentimos: ¿nos vamos a hundir en el sufrimiento?, ¿nos vamos a poner a darle vueltas a lo irremediable? Comprender que una persona ya no quiere estar en nuestra vida es suficiente para seguir adelante. No podemos obligar a nadie a que nos quiera.

Yo siento que importa mucho la manera como nos contamos la ruptura de la relación, porque somos nosotros quienes constantemente nos vamos a contar todo lo que pasó para poder superarlo. Creo que es muy importante saber que hay muchas razones para que una persona rompa un compromiso. Ésta puede ser una cuestión totalmente personal: puede ser una muy buena relación, pero a veces, desde lo individual, cada persona libra batallas y creencias que la llevan a terminarla. No hay que sentirnos culpables, no hay que cargar con todo.

Yo iba a casarme. Era algo que ya había platicado con mi ex pero me arrepentí después. Estábamos ya planeándolo todo; apenas estábamos cotizando los salones, la música y la fiesta. Pero después de pensarlo mucho, decidí que no podía hacerlo porque no podía dejar sola a mi mamá: ella tiene presión alta y es viuda. Le pregunté a mi ex si mamá podría vivir con nosotros, y ella se negó. Sí, la entiendo, pero no estaba listo para separarme de mi casa, para irme y dejar sola a mi mamá. Cancelamos todo, terminamos unas semanas después. La última vez que platicamos me dijo que se sentía culpable por no haber aceptado que mi mamá viviera con nosotros. No le dije nada, ¿ya para qué? Pero sí sé que el problema no era de ella. Creo que no soy capaz de vivir lejos de mi casa, de mi mamá, de todo eso que me parece tan familiar.

Obviamente no entablamos una relación para lastimar a la otra persona; lo hacemos porque sentimos amor, cariño o deseo por ella. Creo que en el caso de Édgar, él no sabía cómo iba a sentirse ante la idea de casarse, y ése es el punto de todo, porque muchas veces, en cuanto a relaciones de pareja, hacemos lo que se supone que tendríamos que hacer sin preguntarnos realmente lo que nosotros queremos.

Alguna vez, cuando Juan Ángel y yo llevábamos ya siete años, llegamos a tener nuestras dudas sobre continuar juntos o no. Hubo un momento en que pensé que terminaríamos. Me sentí muy triste porque siempre he sabido que estar en pareja es una decisión de dos, y para terminar es suficiente con que uno ya no quiera continuar. A veces debemos darnos espacio, tiempo y distancia para reflexionar. Eso no significa que no tengamos interés en la relación, sólo que a veces los conflictos tampoco se resuelven permaneciendo juntos.

Acordamos entonces darnos un tiempo y nos sirvió mucho para resolver las cosas, para hacer nuevos acuerdos, para reencontrarnos y comprometernos. Cada uno se refugió en lo que más disfrutaba: nos acercamos a nuestros amigos, viajamos por separado, y entonces todo se acomodó en nuestra alma y entendimos que no queríamos romper. Así que tuvimos que poner manos a la obra y avanzar.

Una de las cosas que no debemos olvidar es que los amigos realmente pueden convertirse en grandes aliados para ayudarnos a superar la tristeza. Muchas veces sentirás que no tiene caso estarte quejando y contando la misma historia una y otra vez. Pero es justamente lo que necesitas: escucharte y ser escuchada por alguien en quien confíes, alguien a quien quieras y que te quiera.

> **Terminar una relación implica volver a nosotros, hacer un duelo y aceptar la ruptura.**

Vamos a tener ganas de tomar el teléfono y mandar un mensaje, vamos a buscar un pretexto para reencontrarnos. No necesariamente está mal: creo que todos vivimos nuestras pérdidas de diferente manera y culparnos por no ser lo suficientemente fuertes nos hace más daño que bien.

Si nuestra relación se termina es un buen momento para cuestionarnos qué es lo que nos duele. Podemos enfrentarlo contándoles nuestra historia a esos amigos aliados, darnos tiempo y espacio para nosotros mismos, aceptar que la relación se terminó, retomar poco a poco nuestros planes y hacernos cargo de nuestra vida.

Puede ser un buen pretexto para iniciar un diario, para escribir todo aquello que nos duele. A través de las letras podemos sanar, o por lo menos nos sirve para explicarnos qué pasó y cómo podemos superarlo.

Vamos a preguntarnos tres cosas que nos ayudarán a entender nuestro dolor:

* ¿Qué es lo que más me duele de la ruptura?
* ¿Qué dejé de hacer o a quién dejé de ver durante la relación?
* ¿Qué quisiera de forma inmediata en mi vida?

#PactosDeFidelidad
#NuncaVoyAOlvidarte
#LoNuestro

Después de una ruptura amorosa, normalmente decidimos evitar los lugares que visitábamos juntos, esos espacios que se convirtieron en el escenario de una historia de amor. En algunos casos, se evita el contacto físico y sexual con otra persona, nos mantenemos en duelo ante la ruptura y llenamos de significados los tipos de caricias y hasta los nombres cariñosos que nos dimos. ¡Vaya, hay quienes incluso terminan dividiéndose la ciudad!

A mí no me pareció exagerado dejar de visitar el norte de la ciudad, o sea, el norte ese en el que ella y yo paseábamos, pero ni de chiste se me ocurría ir por ahí. No me refiero a su casa o a su escuela, me refiero a todo el norte de la ciudad, porque no quería encontrármela y tampoco quería acordarme de los caminos que recorría para vernos. Sí, ya sé que suena exagerado. Mis amigos me decían que era un ridículo, pero de verdad me costaba mucho trabajo andar por esas calles o de pronto encontrarme rumbo a esos lugares. Duramos cinco años y me costó otros dos aceptar que no podíamos dividirnos la ciudad para olvidarnos. Me dolió mucho terminar con ella. Ahora ya no tengo miedo de encontrármela de nuevo: la saludaría y ya.

Es cierto, cuando estamos en pareja hay lugares que se vuelven simbólicos por todo lo que vivimos y porque en algún momento los consideramos como "nuestros", como parte de nuestra relación. Julio me lo contó después de que lo superó. Entiendo perfecto que volver a esos sitios significativos puede ser muy doloroso.

Muchas veces nos referimos a ellos como "nuestro lugar preferido", "nuestra playa", "nuestro cine", "nuestro restaurante favorito" o lo que sea. Es entonces que les damos un significado compartido.

También hay palabras que dejamos de decir, desde un "mi amor" hasta el famoso "te amo". Cuando se las decimos a alguien, le entregamos algo muy simbólico, y la otra persona lo entrega también, y es entonces cuando sellamos la relación y nos confirmamos como una pareja.

Romper implica separarnos de todo ese significado construido. Y no sólo lo hacemos con las palabras, también pueden ser momentos o hábitos que compartimos; por ejemplo: "Yo sólo puedo manejar si vienes conmigo", "Si tú no vienes no puedo, no me siento seguro". Se trata de esas actividades que son muy simples, que están en lo cotidiano, pero que anclamos a la presencia de la pareja.

¿Por cuánto tiempo es sano mantener estas conductas? Hay personas que deciden no volver a repetir ciertos planes o incluso no comportarse sexualmente como lo hacían antes. Muchas veces mantenemos una especie de lealtad con la expareja, e inadvertidamente construimos pactos de fidelidad que no siempre son fáciles de terminar, sobre todo porque no nos damos cuenta de qué fue lo que le entregamos a la otra persona.

> Llevo casi año y medio de haber terminado mi novia y siento que no me voy a reponer pronto. Me preocupa un poco no tener mucho deseo sexual y que mis encuentros con otras chicas sean muy monótonos. Es como si hubiera dejado de tener ganas de estar con alguien. Recuerdo que con mi ex, la sexualidad la vivíamos abiertamente, experimentábamos mucho, nos reíamos y la pasábamos muy bien. Ahora todo me parece aburrido.

Para Elena, el duelo por la ruptura de la pareja no ha terminado, y como decía, cada quien tiene sus procesos y sus tiempos. Es normal que después de romper una relación lleguemos a sentirnos sin ganas de experimentar o de relacionarnos más profundamente, en especial cuando se trata de sexo, porque en la conformación de la relación, éste suele tener un gran peso.

Nos gusta demostrarle a la otra persona que es especial, así que le damos un significado profundo a la relación, no sólo a través de palabras amorosas, sino también a través de todo aquello que hacemos en pareja y que para los dos pueden ser experiencias que se viven como una primera vez. A lo mejor no lo son estrictamente, pero lo sentimos así. Por eso cuando terminamos nos sentimos tan tristes: nos duele no tener más esa sensación de excepcionalidad, el reconocimiento por parte de la otra persona.

Estuve en una relación por tres años y cuando se terminó me dolió muchísimo porque sentí que todo lo que nos había pasado había sido extraordinario. Me costó mucho trabajo tener otro novio porque sentía que muchas cosas ya no tenían chiste, como que todo eso que era nuevo y que disfrutaba mucho con mi ex ahora ya no me emocionaba tanto. Al final entendí que estaba viviendo sin ganas y que no podía seguir así. Aunque los dos ya teníamos 30 años y, claro, habíamos tenido muchas parejas previas, de todos modos nos parecía que todo lo que vivíamos era nuevo. Siento mucho haber perdido mi tiempo esperando que regresara.

La experiencia de Rocío era más o menos la de muchas personas que nos escribían. A veces nos cuesta mucho trabajo aceptar que la relación se terminó, y por lo tanto, como dice ella, vivimos sin ganas. Preferimos estar ajenos a lo que pasa a nuestro alrededor y decidimos no disfrutar. Guardamos un espacio para un probable regreso, esperamos que nuestra relación vuela a funcionar, pero la verdad es que casi siempre nos engañamos.

> **Esperar un reencuentro es parte del duelo que vivimos; no aceptamos que se terminó y la esperanza de regresar permanece.**

En el mejor de los casos, llegamos a asimilarlo con el tiempo; pero de no ser así, nos estaremos perdiendo de muchas cosas, desde salir con los amigos hasta la oportunidad de enamorarnos otra vez.

Enfrentar una pérdida amorosa puede ser tan sencillo o tan difícil como nos lo permitamos. No tiene que ver con "echarle ganas", con "aceptarlo y seguir adelante". Necesitamos más que palabras de aliento que en realidad no nos dicen nada; la intervención de un especialista es buenísima, pero empecemos por aceptar nuestro sufrimiento, por abrazarlo, por sentirlo sin reprimirlo.

#AyDolor
#StalkearAMiEx
#TeExtraño

Antes, cuando una relación se terminaba, era mucho más fácil superarla porque a veces no se volvían a ver nunca más, ya sea porque no vivían en el mismo lugar o porque no compartían los mismos espacios. Yo recuerdo que a lo más que llegábamos era a llamar al teléfono de su casa, esperar que fuera él o ella quien contestara y después colgábamos. Había quien ponía una canción y no decía nada: obvio ya sabíamos que era el ex. Creo que ésta era una forma de canalizar la tristeza y, en una de ésas, una manera de acercarnos, aunque casi nunca funcionaba.

Ahora todo es un poco más complicado porque es muy sencillo encontrar información sobre la otra persona. Muchas veces sentimos ansiedad, queremos saberlo todo: ¿estará sufriendo?, ¿me dejó por alguien más?, ¿será que ya quitó nuestras fotos de su Instagram? Todas esas preguntas nos hacen pasarla mal, pero las hacemos porque necesitamos tener el control; la necesidad de saber, lejos de hacernos sentir mejor, nos hace seguir indagando, y a veces es difícil parar.

A la semana de terminar, me di cuenta de que él había puesto una foto con su nueva pareja y además pasó de *soltero* a estar *en una relación*. Se me vino el mundo encima. Yo pensaba que aunque fuera por educación uno se guarda por lo menos un mes de duelo por la ruptura, pero me equivoqué. Después de que me enteré, me pasé días y noches stalkeándolos a los dos. Sabía que estaba mal pero me justificaba pensando que me sentiría mejor después de saber la verdad, de enterarme si iban a los mismos lugares, si ya conocía a sus amigos, si realmente la amaba. Desgraciadamente sí, sí la amaba, sí conocía a sus amigos, sí conocía a su familia y sí me dejó por ella. Así estuve como tres meses. Sufría mucho y me comparaba todo el tiempo. Nunca le llamé o lo busqué para que me diera alguna explicación, pero sí le ponía likes a sus fotos y, lejos de bloquearme, hasta siento que me las dedicaba. Yo no lo bloqueaba porque sentía que era darle demasiada importancia, pero al final lo hice, porque me di cuenta de que no era que yo le diera importancia a él, sino que tenía que dármela a mí; o sea, yo era quien estaba sufriendo y además perdía mucho el tiempo sólo torturándome con puras historias que no sé si eran o no reales. Aprendí que no importa si me dejaron por alguien más; sólo importa que cuando uno ya no quiere estar en la relación no podemos obligarlo. Fue una lección muy dura.

Sufrimos demasiado por cosas que podríamos evitarnos. Muchas veces nos cuesta trabajo aceptar que se terminó.

Saber las causas nos ayuda a superarlo más pronto, pero no podemos decir que éstas sean absolutas. María José lo aprendió sufriendo. A veces saber qué pasó con la vida de la otra persona nos puede ayudar a superar la relación, pero ¿a qué costo? Y además ¿por qué estamos dándole tiempo a la nueva y feliz pareja? ¿Para qué nos sirve?

Un estudio realizado por la Universidad Nacional Autónoma de México demostró que las redes sociales modifican el estilo de vida de muchas personas, pero, más allá de eso, también determinan la manera como establecemos nuestras relaciones amorosas. Tan es así que, según sus resultados, en nuestro país, el 30% de las parejas tienen conflictos relacionados con el uso de las redes sociales y el 95% de los usuarios con parejas buscan o mantienen relaciones extramaritales a través de Facebook y otras plataformas.

Facebook ocupa el primer lugar de la lista como el responsable de más de 28 millones de rupturas en todo el mundo. Mientras que Instagram idealiza las relaciones de pareja tan sólo por todo lo que llega a decir una foto. Pero las relaciones perfectas no existen. Quizá eso nos puede ayuda a superar una ruptura: dejar de imaginar cómo es la vida de los ex y ocuparnos de construir la nuestra.

Todos nuestros problemas tenían que ver con mi Facebook. Al principio me señaló a quiénes sí podía tener de amigos; luego terminé por no subir fotos con otros amigos porque, si él no iba a mis fiestas o incluso veía fotos de mí en mi trabajo o en mi escuela, de todos modos se sentía excluido. Después me di cuenta de que ya nada más tenía fotos con él y como 50 amigos menos. Me dolió muchísimo terminar con él a pesar de todo, porque a mí no me importaba que mis amigos se molestaran. Pero un día me cansé y con todo el dolor de mi corazón tuve que terminarlo. La verdad, de vez en cuando lo stalkeo y veo que ya tiene otra relación. Ojalá él pueda aprender que está mal su inseguridad. Yo me di cuenta de que no quiero otra relación igual.

Qué difícil enfrentar una ruptura cuando más queremos a la pareja, pero aceptamos que estar en una relación así no nos lleva a ningún lugar. Para Edwin, aceptar ciertos códigos en su relación no fue complicado, porque cuando estamos enamorados cedemos fácilmente. Lo importante es darnos cuenta de cuándo estamos en una relación de abuso.

¿Podemos saber si nos estamos relacionando con alguien que pedirá demasiada exposición en nuestras redes sociales? Cuando se necesitan tantas fotos para mostrar en nuestras redes, tendríamos que preguntarnos por qué es importante que los demás nos vean con nuestra pareja.

En el estudio "¿Puedes decir si estoy en una relación? Visibilidad de apego y pareja en Facebook (y otras redes)", realizado por la Sociedad para la Personalidad y la Psicología Social, se reveló que la manera como nos apegamos a alguien se ve reflejada en lo que publicamos en las redes sociales, es decir, que mostramos si estamos o no en pareja, o si estamos en crisis, cada vez que posteamos un contenido.

Y resultó que aquellas personas ansiosas y posesivas en la relación pedían una alta visibilidad de los dos como pareja, y además confirmaron que tuvieron peleas fuertes porque el otro o no subía fotos de ellos juntos o se cansaba de "tener que hacerlo".

El impulso que tenemos por documentarlo todo a veces nos quita la experiencia real de sentirlo, de vivirlo en el aquí y en el ahora, de disfrutarlo. Llegamos a cambiar esto por la aprobación de los demás, por tener más likes, muchas veces para suplir la falta de seguridad que nos da la relación.

Creemos que las rupturas deben sanarse lo más pronto posible, o peor, que no deberíamos llorar y sentir el dolor por alguna pareja que se fue. Pensamos que ser vulnerables nos expone y nos hace sufrir, pero, al contrario, yo creo que la vulnerabilidad es una forma de conocernos. Superar una ruptura requiere tiempo, aceptación y no presionarnos con salir pronto del sufrimiento; se trata de aceptarnos, de reconocernos.

Necesitamos ser conscientes de que no existe algo que dure para siempre, saber que siempre hay cambios y estamos en constante movimiento. Admitirlo tanto para enfrentar una ruptura como para aceptar que nuestra pareja puede cambiar y nosotros también.

Las relaciones de pareja tienen muchos inicios y muchos finales, y eso no quiere decir que tengamos que hacer nuestras relaciones pensando en el final. Podemos construir relaciones que transciendan el enamoramiento y también terminarlas para ser sólo amigos. Todo depende de cómo lo superemos. Lo que creo es que no necesitamos terminar a gritos o en medio de ademanes violentos innecesarios, sino más bien agradeciendo por la experiencia que vivimos y soltando.

> **Para soltar más fácilmente regresemos a nosotros, démosle tiempo a la tristeza: lloremos, veamos películas dramáticas y escuchemos canciones que nos recuerden que estamos vivos: porque nos duele, porque lo sufrimos. No nos reclamemos el hecho de sufrir, no seamos tan exigentes con nuestro corazón roto.**

Vamos a fijarnos en nosotros y en todo eso que dejamos de hacer, ¡pongamos manos a la obra y trabajemos por nuestro bienestar! Por último, no te culpes si le llamas, si la buscas, quizá es lo único que te hace sentir bien. Pero no pienses que el sufrimiento va a durar para siempre o que tu felicidad depende de alguien. ¿Estás dispuesto a hacerte cargo de ti mismo?

Lo malo es que creemos que podemos vivir enamorados por siempre, y eso es ilógico, ¡es impresionantemente intenso! Aprendamos a construir relaciones duraderas. Esto implica trabajar, confiar, aprender, desaprender, cuestionarnos, amar, amarnos. ¿Estamos dispuestos a ir más allá? ¿Estamos dispuestos a hacer un proyecto individual y después ver si podemos compartirlo en pareja?

Es indispensable conocer nuestras heridas. No conozco una sola persona que no las tenga: todos pasamos por experiencias en la infancia que nos hicieron sentir en riesgo, con miedo, solos, vulnerables, etcétera. Y, en mayor o menor medida, ese dolor y ese miedo son parte de una herida que se activa en mí y está en el registro de mi inconsciente.

Más de 80% de nuestras heridas son herencias del dolor de nuestros padres que, de alguna manera y la mayoría de veces sin querer, nos transmiten sin ningún esfuerzo. Hay una etapa en la infancia en que copiamos todo su registro emocional, vibramos en el mismo canal emocional y aprendemos todo lo que son nuestros padres.

Este Niño Herido tomará muchas de las decisiones de tu vida. Estará al frente en los momentos de crisis y dolor, cuando sientas que debes defenderte del otro, cuando algo te haga sentir inseguro; cuando estés en una discusión fuera de control, es él quien lleva la batuta. Hay una imperiosa necesidad de conocerlo, saber cuándo, qué le puso play a la película y, sobre todo, tener la capacidad de pausarla para ver con objetividad lo que pasa.

La forma de hacer que este niño herido deje de ser el capitán de las situaciones más importantes de tu vida y confié en ti es aprendiendo a conocerlo, escucharlo, saber lo que necesita, protegerlo y convertirte en su MA-PA, proceso de vida donde desactivas las defensas y te permiten enterarte de que la infancia ya pasó, que las realidades hoy son muy diferentes y es momento de elegir la forma en la que queremos responder ante la vida y no con base en un dolor y un patrón que reproduce el mismo disco que cansa y duele.

Hoy, el mayor reto es conocer a tu niño y su herida; hacer que confíe en ti y que puedas dejar de actuar impulsivamente. Puedes tomar un curso, ir a un retiro o acudir a una terapia para escuchar lo que tanto dolió y nadie escuchó ni permitió procesar y entender. No se trata de revictimizarnos, sino de validar lo que vivimos y acompañarnos para entender, desde un punto de vista amoroso, que no fue tu culpa y hoy no volverá a pasar o liberar eso que se ahoga en el cuerpo.

El dolor no expresado se queda atrapado en el cuerpo físico y emocional, no importa que ya hayan pasado cincuenta años. Cuando se libera ese dolor, es como si estuviera vivo y hubiera sido ayer. El dolor no se va aunque lo ignores, y las heridas no se sanan entendiéndolas, se sanan sintiendo y resignificando adultamente esa experiencia en tu vida y en todo lo que hoy eres. Uno puede entender que creció con muchas carencias o que su papá fue muy duro, pero el día que validas lo que significó ese vacío, el día que sientes el dolor de esa indiferencia y esa dureza, y la vives en el presente y te acompañas en tu sentir, sabiendo que estás ahí para ti y elegir que hoy tú no te harás lo mismo ni a ti ni a los tuyos.

Fragmento de *Sana tus heridas en pareja.*
ANAMAR ORIHUELA
https://academiaanamarorihuela.com/
🅾 anamar.orihuela
🐦 @AnamarOrihuela
f https://es-la.facebook.com/anamarorihuela

6

¡Dale like al amor!

Pensar en tener un proyecto de vida no significa que nos tengamos que apartar de todos. Tampoco se trata de ensimismarnos y volvernos egoístas. Seguro que conoces a más de uno que, por perseguir su sueño, dejó de mirar a los demás y, sin importar que sus acciones lastimaran, siempre les dieron prioridad a sus necesidades.

Es cierto que necesitamos construir algo propio, algo en lo que creamos. Hacerlo acompañados por alguien, apoyados por los amigos y la familia, da muchos mejores resultados. Actualmente, hemos privilegiado la individualidad y menospreciado el apoyo y el encuentro con los otros. No es que esté mal tener metas propias; lo que pasa es que al no compartir nos estamos perdiendo de muchas experiencias y oportunidades de conocer otros puntos de vista, y, por ende, nuestra visión de las cosas puede reducirse tanto que no nos permitimos crecer emocionalmente.

Nos equivocamos al creer que es mucho más importante la individualidad, y estamos tan metidos en nuestros asuntos que dejamos de ver a los demás, sobre todo a nuestra pareja. Creemos que todo debe proporcionarnos felicidad, y cuando no es así, entonces lo desechamos. Las relaciones a largo plazo ya no son tan comunes: al contrario, esperamos que todo sea rápido, inmediato y satisfactorio. ¿Por qué?

En México, de acuerdo con la Encuesta Nacional sobre la Dinámica de las Relaciones en los Hogares 2016, el promedio de duración del noviazgo entre las personas de 15 a 19 años es de 9 a 18 meses; por supuesto, hay noviazgos muchísimo más cortos.

Hay relaciones que duran muy poco e inmediatamente son sustituidas por otras. Parece que consumimos a las demás personas y también dejamos que nos consuman. Tenemos poca paciencia, pero mucha urgencia por llenarnos de los demás, por vivir más historias, pero ¿realmente estamos disfrutando lo que vivimos?

Cuando tenía 25 años yo estaba trabajando en una empresa súper reconocida. Me pagaban bien y empecé a ahorrar para comprarme una casa. No sólo junté dinero, también me puse a buscar novia porque mi plan era casarme a los 30 y ser papá a los 32. Encontré a la novia y duramos los cinco años que yo quería durar con ella. Pero en esos cinco años pasaron muchas cosas, como que me tuve que ir a vivir a Canadá y me mudé con ella. Estando allá, ella conoció a alguien más y yo también. Nos separamos al año de vivir juntos. Ella no quiso tener hijos y tampoco era algo que quisiera ya en ese momento. De pronto llegué a los 30, viviendo en otro país, con otra pareja y en un trabajo que me daba buen dinero, pero que no era mi prioridad como pensé que sería. Ahora hago montañismo y estoy dispuesto a hacer los cambios que sean necesarios para ser feliz. Comparto con mi pareja cosas muy bonitas, pero hay otras que para nada. Estamos juntos, pero al mismo tiempo estamos enfocados en nuestras cosas, y creo que es lo mejor que me pudo pasar: estar acompañado, pero saber también que no es alguien que dependa de mí.

Más atrás en este libro hablábamos de la lista de cosas que se nos exigen para ser felices, y ésta por lo general siempre incluye una pareja. Como Roberto, casi todos aprendemos a hacer listas y a cumplirlas. Es posible que se convierta en nuestro mayor proyecto de vida personal, pero ¿realmente queremos cumplir las expectativas de los demás?

Cuando hablo de un proyecto de vida, no me refiero a que tengamos que cumplir ciertos objetivos. Se trata de los compromisos personales que establecemos con nosotros mismos. Yo, por ejemplo, desde siempre me enfoqué en mi carrera. Tenía claro que deseaba una familia sin tener que sacrificarme en el ámbito profesional, y sabía que la pareja que eligiera lo entendería y no me pondría límites.

> **Anhelamos tener una pareja que sea perfecta para nosotros, soñamos mucho con el amor y pocas veces nos visualizamos en algo que deseamos sólo para nosotros.**

No es que no tengamos ambiciones o que no creamos en nosotros mismos, sino que hemos aprendido que una relación de pareja es mucho más importante porque nos complementará, estaremos acompañados y no habrá nada de que preocuparse.

Soñar con una vida exitosa es muy lindo, pero lograr que eso que soñamos se haga realidad depende de nosotros. Primero hay que tener claro qué es lo que deseamos, qué es todo aquello que valoramos y queremos; después, debemos asegurarnos de que se trata de un sueño razonable y asequible; finalmente, se trata de saber o de intuir cuál es el camino que nos facilitará lograr nuestras metas.

Yo pensaba que el hombre de mis sueños iba a llegar un día a mi vida por casualidad, y que por magia nos íbamos a amar muchísimo. No buscaba nada espectacular, sólo un hombre que me quisiera mucho, pero todo esto cambió cuando empecé mi negocio. Digo que cambió porque estaba tan preocupada por no llegar con número rojos a fin de mes que puse todas mis ganas en hacer que esto prosperara. No es que me haya olvidado del amor, pero me di cuenta de que no podía conformarme sólo con un hombre que me quisiera, sino que necesitaba a alguien que tuviera otras metas y a quien, como yo, también le preocupara sacar adelante sus intereses. Aprendí muchísimo, no sólo de cómo vender en línea, sino también de mí misma y de lo que quería en una relación. Parecería que emprender y amar no son para nada lo mismo, pero yo pienso que sí, que al estar conectada contigo y con tus sueños, puedes descubrir qué más quieres en otras áreas de la vida. Pensar que el amor lo es todo no está mal, lo importante es preguntarnos qué tipo de amor queremos. Y también aprendernos a amar, a querer otras cosas, a saber qué merecemos.

♡ 👍 👏 ⤴

Irene actualmente tiene una pareja que, como ella, tiene un negocio propio, y cada quien se encarga de hacerlo crecer. Podríamos pensar que están tan ocupados que ni caso se hacen, pero para mí es un ejemplo de que las parejas podemos también amarnos y al mismo tiempo tener un proyecto de vida individual, algo que nos haga felices y que compartamos en una relación.

Si bien crecer económicamente es importante, no es la única manera de progresar en la relación.

> **El amor y la comprensión de uno para el otro no se puede medir en cuánto ganamos, cuántas veces salimos de vacaciones o qué lugares frecuentamos.**

Aunque para nuestra familia y amigos, gastar y tener un lugar maravilloso para vivir pueda ser un signo de éxito, la verdad es que no significa que seamos felices.

La felicidad es un concepto que hemos sobrevalorado. Creemos que la felicidad es un fin al que tenemos que aspirar y que para llegar a disfrutarlo hay que sufrir mucho, ¡sobre todo si de encontrar el amor se trata! Pero la verdad es que este sentimiento es temporal. Es posible que tengamos metas muy bien establecidas, pero ¿sabemos que no siempre resultará todo tal cual lo imaginamos? ¿Cómo vamos a enfrentar la frustración?

Yo no creo en los proyectos de vida, porque todos estamos expuestos a cambios, porque todo es impredecible y no siempre los proyectos llegan a cumplirse tal como lo imaginamos. Siento que al hacer proyectos de vida que no se cumplen, nos podemos frustrar tanto que a lo mejor no podríamos superarlo. Por eso lo que más bien creo es que hay que vivir haciendo lo que nos haga felices. El punto es ¿cómo lo descubrimos? Llegar a saber qué queremos hacer en la vida es de las cosas más complicadas; se necesita mucho autoconocimiento, mucha confianza en uno mismo y rodearnos de personas que piensen de la misma manera. Si hablamos de una pareja, también necesitamos encontrarnos con alguien que persiga sus sueños antes que una casa propia, hijos, perro o un auto estacionado. Desafortunadamente, esas personas son muy pocas. Estamos acostumbrados a enseñarles a los demás que valemos por lo que tenemos y por lo que conseguimos en la vida. Por eso hay muchas parejas y personas sin pareja que de todos modos viven infelices.

Eloy tiene razón en que lo más difícil es encontrar nuestra propia motivación y creer en eso, aunque también creo que necesitamos fortalecernos para soportar esas frustraciones que podemos vivir al no conseguir que las cosas salgan como deseamos. Por supuesto, esto no lo hacemos desde la individualidad: necesitamos sentirnos apoyados y escuchados por los que nos rodean, no necesariamente por la pareja. Es verdad que sólo depende de nosotros alcanzar nuestros sueños, pero también es cierto que quienes están a nuestro alrededor nos impulsan.

Hay emociones que son claramente aceptadas socialmente y otras que no. Por ejemplo, la frustración y la tristeza son vistas como algo negativo. Lo cierto es que no hay ni emociones negativas ni positivas, simplemente emociones que nos ayudan a conocernos profundamente y que nos ayudan a regularnos. Cuando sentimos frustración porque las cosas no salen como lo deseamos, es ésta la que nos ayuda a cuestionarnos qué es lo que nos falta y cómo podríamos mejorar nuestra situación. Nos ayuda a crecer.

Lo que nos dice Eloy es cierto: la vida está llena de cambios y no siempre nos va a salir todo como lo deseamos. Descubrir qué queremos requiere mucho autoconocimiento y, sobre todo, identificar nuestras emociones para saber cómo gestionarlas, qué hacer con ellas y cómo nos pueden ayudar en nuestro autodescubrimiento.

No es perder el tiempo identificar cómo nos sentimos con las decisiones que tomamos. Para construir nuestro proyecto de vida, necesitamos identificar qué es lo que nos motiva en esta vida, qué deseamos, cómo nos gusta sentirnos, y confiar en eso que sentimos, creer en nosotros mismos, trabajar por nuestros sueños, aunque éstos no sean algo que la gente espere.

Desde que tengo uso de razón a mí siempre me gustó pintar y peinar a las niñas de mi salón, y si eran mis amigas, me lucía con el maquillaje y con todo su *look*. Cuando cumplí 15 le dije a mi mamá que ya no quería ir a la prepa porque yo quería aprender profesionalmente a maquillar y todo lo que tuviera que ver con la belleza. Bueno, para no hacer largo el cuento, mi mamá me obligó a estudiar la prepa y yo me tuve que pagar mis cursos de maquillaje. Al final hice las dos cosas, pero ya no quise estudiar una carrera seria, como les dicen, y me apliqué muchísimo. También me peleé con mi mamá porque ella me decía que lo que yo hago es de gente mediocre y que cómo era posible que no quisiera ser licenciada en algo y que cómo prefería andar haciendo peinados. Fue muy duro para mí imponerme y ser la mejor en lo que hago. Tengo 20 años y estoy entrando en el ambiente del cine. Ya estuve en una película como asistente de un maquillista y tomo todos los cursos que hay porque quiero hacer más trabajo en cine. Igual no es una carrera con licenciatura, pero yo soy muy feliz haciendo y aprendiendo algo que realmente me apasiona.

La seguridad que tiene Dana para defender su trabajo y su pasión a veces le trae conflictos con su mamá, y no por eso se ha planteado renunciar. La idea de que la educación formal nos dará de inmediato un trabajo con un buen sueldo podemos cuestionarla, ya que, actualmente, la transición que hacemos de la vida como estudiante a la del trabajador es más complicada. Recuerdo los programas que hicimos en los que hablamos sobre empleo y juventud: mucho de lo que platicaba con los expertos tenía que ver más bien con aprender a desarrollar otras aptitudes. ¿Qué sabes hacer? ¿Qué te gustaría aprender?

#Escucharnos
#Sentirnos
#Amarnos

Parecería que identificar lo que sentimos es muy fácil; parecería también que basta con preguntarnos qué es lo que queremos para buscarlo, para comprometernos con nuestros sueños y trabajar por ellos. La verdad es que esto puede ser un poco más complicado.

> **Hemos aprendido a dividirnos, a pensar que es más valioso lo racional que lo que sentimos. No es así: necesitamos de las emociones para comprendernos. Creemos que se trata siempre de decidir con base en el razonamiento lógico, y por eso negamos todo aquello que nos hace sentir cómodos con lo que decidimos.**

En redes sociales, en los grupos de WhatsApp con los amigos, abundan las imágenes en las que se ven diálogos divididos por el cerebro y por el corazón. ¿Por qué creemos que son cosas distintas? Para saber más de nosotros necesitamos tener un equilibrio; no despreciemos todo aquello que sentimos.

¿Alguna vez has escuchado hablar de la inteligencia emocional? Creo que viene mucho al caso hablar de cómo nos puede ayudar para entendernos y amarnos, porque se trata de una herramienta que nos permite profundizar en lo que deseamos. Es un término más o menos reciente que surgió durante la década de los años ochenta y que años más tarde se profundizó en su estudio.

¿Qué nos dice la inteligencia emocional? Pues básicamente se trata de entender nuestras emociones, de conocerlas, de aceptarlas y de ver qué es lo que hacemos con todo lo que sentimos a diario, es decir, no es algo que aplique sólo en situaciones extraordinarias.

No se trata de ser optimistas 24/7, evitar el enojo, estar permanentemente calmados o evitar la tristeza. Para nada. Porque todos estos sentimientos que socialmente hemos aprendido a ocultar tienen una función: nos ayudan a poner límites, a reconocernos, a saber qué cosas nos hacen sentir malestar y enfrentarlas.

La inteligencia emocional es parte de nuestro autoconocimiento porque nos habla de que es importante, primero, reconocer la emoción y, después, saber qué hacer con ella, sin agredir, sin perder el control, sin gritar, sin ofender. No sólo aplica para saber cómo tratar a los demás, sino cómo nos tratamos a nosotros. ¿Qué tan seguido nos criticamos? ¿Qué tan común es que dudes de ti mismo?

Cuando salí de la prepa yo quería irme a estudiar a otra ciudad porque la carrera que yo quería no la daban en donde yo vivía. Yo ya sabía en dónde quería estudiar, pero me daba mucho miedo salir de mi casa, aunque pudiera llegar con unos tíos que me aceptaban con mucho gusto. Para no perder el año, me inscribí en otra carrera en la universidad de mi ciudad, y ahí estuve dos años, los mismos años en que todos los días soñaba con mudarme, pero no me animaba. Después de un largo proceso que tuve para vencer el miedo, me decidí a irme y no me arrepiento. Muchos dirán que perdí tiempo, que estaba a media carrera, que debí terminarla, pero nadie sabe todo lo que aprendí y lo que me costó empezar de cero en otra ciudad, en otra escuela y sin amigos. En mi caso no es que no supiera qué quería; más bien no sabía de lo que era capaz: primero, de vencer el miedo y empezar en otro lugar; después, de darme cuenta de que mi vida dependía de esa decisión. Cada quien tiene sus tiempos y su forma de llegar a eso que tanto quiere.

Antes de irse, Joaquín tuvo que enfrentar sus miedos y la forma de hacerlo fue desde casa, en un lugar seguro, al lado de sus padres y sus amigos, que poco a poco le dieron la fortaleza para superarlos. Eso también es aceptar que no necesitamos irnos a la aventura para demostrar que podemos; es parte de escucharnos, de comprendernos y de no reprocharnos por lo que elegimos.

> **No nacemos siendo fuertes, aguerridos o valientes. Cada uno de nosotros adquiere lo que necesita dependiendo de su historia y su contexto. Las habilidades que tenemos para manejar las emociones las aprendemos a lo largo de nuestra vida.**

Es importante reconocer que necesitamos de los demás para sentirnos seguros. Son nuestros amigos y familia quienes nos apoyan de mil maneras para impulsarnos; no necesariamente tiene que ser con lo económico; muchas veces es suficiente con sentirnos escuchados, con saber que hay alguien que está interesado en nuestros sueños y que acepta escucharnos.

La gente dice que hay que hablar, que hay que manifestarles nuestras inconformidades a los demás, pero, personalmente, eso no me parece muy simple y se vende como si fuera lo más sencillo del mundo. Hablar es complicado porque hay que exponer lo que sentimos, lo que nos enoja y lo que deseamos, y pocas veces estamos dispuestos a escuchar. Es como venir y decir "quiero esto, atiéndeme". Pero ¿qué pasa con nosotros? Pasa que no siempre prestamos atención a los demás. Por eso tuve muchos problemas en mi relación y terminamos. Nos costaba muchísimo entendernos y cada uno jalaba para su lado. Llevo tres años sin salir con nadie. Antes me daba miedo y sentía que la iba a regar. Ahora ya no tengo tanto miedo, quiero arriesgarme y ver si aprendí algo estando sola, probarme que estoy más dispuesta a escuchar que a hablar, que a pedir, que a decir, que a exigir.

¿Cuántas veces hemos terminado con una relación en la que parece que cada uno habla otro idioma? A veces es necesario tomarnos nuestro tiempo para ver qué pasa con nosotros. Tatiana se confrontó y comprendió que eso de que la comunicación es cosa sencilla, en realidad, no lo es tanto. Los tiempos y espacios que compartimos con nosotros para escucharnos nos dan mucha luz. A veces es difícil y por eso esperamos que llegue alguien a rescatarnos. ¿No crees que podrías rescatarte tú mismo?

Cuando yo me vine a vivir a la Ciudad de México, lo hice segura de que era un paso importante para mi carrera, pero no lo hubiera logrado sin la confianza que tienen mis papás y mis hermanos en mí. Cuando estuve aquí, me rodeé de personas que también buscaban conquistar sus sueños. Cuando sabemos qué camino vamos a tomar, sin que nos demos cuenta, los aliados surgen y nos acompañan; sólo depende de nosotros emprender el viaje, confiar en quienes somos y lo que queremos.

> **Dejemos de creer que somos más importantes que los demás, porque el autoconocimiento no nos sirve de nada si no nos compartimos; es decir, darnos like no es anular a los demás.**

Vivimos tan enfocados en nuestro desarrollo personal que llegamos a creer que, mientras estemos bien, los demás tendrán que arreglárselas solos. Pero la verdad es que nos estamos perdiendo del conocimiento de los demás, de explorar otras miradas y al mismo tiempo de conocernos más a fondo.

Hacer un proyecto de vida no es cumplir una lista de mandatos, se trata de cuestionarnos:

* ¿Qué quiero para mi vida?
* ¿Cómo quiero vivirla?
* ¿Quién quiero que me acompañe?
* ¿Soy yo una buena compañía?
* ¿Disfruto de mi soledad y me gusto como compañía?

Identificar nuestros sentimientos tiene que ver con:

* Darnos cuenta conscientemente de cómo nos estamos sintiendo. Por ejemplo, si estamos tristes, identificar que es ésa la emoción que estamos viviendo.
* Después, hay que poner en palabras qué fue lo que nos provocó ese malestar; preguntarnos por qué nos sentimos tan tristes.

* Cuando sabemos la razón del malestar, podemos correr el riesgo de ir con esa persona que nos lastimó y decírselo. Podemos decírselo, pero no como un reclamo, no desde la furia, ni esperando que sea el otro el que se haga responsable de lo que sentimos; es decir, no exigir que haga algo para hacernos sentir bien. A veces sólo necesitamos ser escuchados.

Darle like al amor significa aprovechar todas nuestras relaciones y vínculos amorosos para conocernos cada vez un poco más. Puedes comenzar por *observar*, *cuestionar* y *sentir*.

Observa cómo tocas y cómo te toca tu pareja; cómo le hablas y cómo te habla; cómo te trata y cómo la tratas; cómo la miras y cómo te mira; cómo la piensas y qué piensa de ti.

Cuestiona por qué lo dices o por qué lo dice; por qué lo haces o por qué lo hace; qué busca obtener o qué buscas obtener.

Siente cómo reacciona tu pareja cuando la tocas; cómo te sientes tú cuando te toca o te habla; siente que te escucha; cómo te sientes cuando te mira; cómo te sientes en esta situación; te gusta sentirte así.

ARALIA VALDÉS
www.araliavaldes.com
 @araliavaldesAF
@araliavaldescf

7

En el mismo barco

No sé si el amor se encuentra o se busca. Tampoco creo que sea cosa del destino. De lo que sí estoy segura es de que estar en pareja requiere mucho trabajo, mucha disposición y que haya voluntad por parte de los dos. Según mi experiencia, el amor se construye, se renueva cada día, y a partir de la cotidianidad es que también forjamos seguridad y establecemos compromisos.

La palabra *compromiso* no la vivimos como una piedra pesada que cargamos, sino que para Juan Ángel y para mí, se trata de una elección que hacemos a diario. Ambos reconocemos que hemos crecido como seres humanos y como pareja. No sólo compartimos el hecho de ser padres; también celebramos el éxito profesional del otro, y sabemos que el apoyo es mutuo y que cada quien tiene metas y sueños que nos siguen uniendo.

En este último capítulo, todo lo que puedo decir tiene que ver con cómo lo he vivido, con lo contenta y plena que me siento; porque darme like, escucharme y sentirme me han guiado a la vida que siempre quise, a la pareja que tanto me gusta y admiro también.

Mi historia de amor empezó cuando me tocó cubrir una conferencia de prensa sobre la película *El Tigre de Santa Julia.* Cuando lo vi ¡me pareció súper guapo! Desde ese momento me gustó muchísimo, pero la verdad es que él ni me peló. ¿Quién me iba a decir que dos años después él me iría a buscar a las instalaciones de Televisa Chapultepec para conocerme?

Yo pensé que estaba casado porque tenía un anillo, y la verdad es que me gustaba tanto que sin pena le pregunté por qué lo llevaba. Y es que si estaba casado yo no podía tener una relación con él, ni siquiera de manera platónica. Cuando me dijo que le pertenecía a la mujer más importante de su vida, fue fácil adivinar que hablaba de su mamá. Entonces me quedé tranquila y con ganas de conocerlo más. Y así fue.

En ese momento todavía no podíamos adivinar todo lo que nos esperaba. La verdad es que ha sido muy divertido, con sus altas y con sus bajas, pero siempre dispuestos a enfrentar las adversidades.

¿Existe un secreto? No, no hay recetas. Lo único que sí sé es que los dos siempre hemos trabajado por todo aquello que queremos; los dos salimos de nuestro estado a perseguir nuestros sueños; los dos tuvimos claro lo que deseábamos y nos enfocamos en trabajar, en prepararnos; los dos creemos en lo que hacemos y ninguno exigió que el otro cambiara. Nos aceptamos.

Juan Ángel reconoce que, si bien nuestros caracteres son distintos, es eso justamente lo que nos ha ayudado a que la relación fluya. Establecer un compromiso con el otro y hacer un plan de vida en pareja depende de los dos. Y como él lo dice, no somos una pareja perfecta ¡y qué bueno!

> No somos una pareja perfecta, distamos mucho de serlo. Aquí la cosa es que son más las ganas y el gusto por el otro. Son más las cosas que tenemos en común que los problemas que llegamos a tener. Y con todo y que los hemos tenido, llevamos ya 16 años juntos. Yo te lo he dicho: si hemos durado tanto es más por ti que por mí. Tú sabes que suelo sentir las cosas muy intensamente y que a veces me enojo muy rápido. Reconozco que he crecido y lo he hecho en muchos sentidos: en edad, obvio, pero también emocional y espiritualmente, en todo. Me doy cuenta de que ya no soy tan arrebatado, pero también valoro mucho que no te enganchas, que sabes tenerme paciencia, que estás en pie conmigo, y eso es parte de construir un proyecto de vida en pareja.

Y yo también he aprendido muchísimo a su lado. Ahora sé que para establecer un proyecto de pareja no basta con hablarlo y hacer acuerdos. Se trata también de mirar al otro y aceptarlo: amarlo. Es cierto, sé que de pronto puede tener poca paciencia, pero los dos hemos aprendido a tomar distancia cuando las cosas no están equilibradas.

Yo sé que las cosas tienen que pasar. A los dos nos funciona tomar un tiempo fuera, porque en uno de los dos debe estar la prudencia: no podemos terminar las relaciones cada vez que uno se enoja. Nos ha funcionado relajarnos y después hablar, pero ya con la cabeza más fría.

Ahora nuestras prioridades están mucho en el patrimonio que le queremos dejar a Cosette. Pero eso no significa que nos olvidemos como pareja. Nuestro trabajo también es importante, pero los dos estamos en el mismo barco.

> Hoy en día mi prioridad son ustedes, por lo mismo hay que hacer cosas. En ese sentido el chiste es trabajar, y afortunadamente nos dedicamos a lo que nos gusta. Yo me siento apoyado por ti y por mi hija. En ese aspecto estoy tranquilo, el proyecto de vida ahí está. Quiero decir que los proyectos no siempre van a ir como lo planeas, pero prácticamente coincide con todo eso que yo deseaba tener en la vida.

Y también con lo que yo quería. Los dos trabajamos mucho por lo que soñábamos: él como actor y yo como conductora. Creo que coincides con las personas que tienen metas parecidas a las tuyas o que se enfocan en realizarse sin pretender que sea el otro quien resuelva o cumpla con lo que quieren. Es cierto, hay apoyo y compañía, pero de uno mismo depende lograr que las metas se cumplan.

A lo largo de estos 16 años, yo también he crecido y puedo identificar todos los cambios que viví. Las situaciones que nos pasan como pareja nos hacen saber lo que es importante y lo que no. Por eso yo no me tomo a pecho las cosas y no soy aprensiva, pero ¿qué tal antes? ¡Antes sí que me tomaba todo muy en serio!

Ahora ya veo con más claridad, y cuando siento que voy a ponerme triste por algo o que me siento molesta, paro un poco y me pregunto: "¿Vale la pena enojarme por esto?" o "¿Vale la pena ponerme triste por esto?". Me ha servido mucho para identificar por qué me estoy sintiendo así.

¿Sabes? Muchas veces el malestar no tiene que ver con él o con algún conflicto que hayamos tenido. Aprendí que lo importante es manejarlo, porque las diferencias nos ayudan a crecer.

> Lo importante para mí es que, si bien hay diferencias de caracteres, los dos estemos en lo mismo. Y saber que no podemos esperar que todo salga como lo planeamos, porque la vida, el trabajo y las circunstancias nos sorprenden todo el tiempo. Pero también hay cosas que están muy claras como parte de tu proyecto de vida. Yo, por ejemplo, siempre quise ser papá; pensaba que quería serlo por lo menos de uno, y si era uno, que fuera niña. Y se me dio. También siempre pensé que sería con alguien a quien yo quisiera y en un momento en el que los dos estuviéramos dispuestos. Quería ser papá, pero no quería que fuera algo forzado o producto de una aventura, porque en ese caso habría sido alguien que a lo mejor no habría conocido o conocería muy poco y con quien no me uniría nada más que un hijo.

Es cierto que no puedes planearlo todo, pero lo que sí puedes hacer es comprometerte con tus sueños. No hay reglas, no hay consejos que les sirvan a todos. Recuerdo que a los pocos meses de andar de novios, decidimos vivir juntos, y sabíamos que si nos funcionaba entonces íbamos para largo, y si no, pues cada quien agarraba su camino.

Fue una decisión que tomamos muy conscientemente aunque estuviéramos en pleno enamoramiento. Muchos especialistas dicen que no es bueno hacer ese tipo de planes en medio del enamoramiento porque estamos deslumbrados. ¡Pero a nosotros sí nos salió!

Es que no hay reglas que les funcionen a todas las parejas. Ahorita los dos pensamos mucho en el futuro y la educación de Cosette, pero no nos hemos olvidado como pareja o de los proyectos profesionales que van de la mano. Somos dos personas muy diferentes con objetivos muy similares. Me gusta que digan que Cosette es igualita a mí. Ya sabes que yo siempre digo "sí". Pero ahora lo que yo quiero es que se parezca a ti, que tenga tu forma de ser, que tenga la educación que te dieron tus papás, tus valores, todo eso que te hace ser así... que lo tenga mi hija.

¡Y seguramente tendrá muchas cosas más que también vendrán de él! Nuestros proyectos de pareja se relacionan mucho con el amor que sentimos por Cosette, pero lo mejor es que los dos nos sentimos amados y respaldados. Sí, creo que estar en pareja nos da seguridad emocional, pero esto no ha llegado por sí solo: hemos trabajado mucho y nos hemos comprometido.

Por supuesto, el camino en pareja nos cambió muchas expectativas de lo que creíamos que era estar con alguien. También transformó nuestro estilo de vida, pero nunca lo vimos como si se tratara de una imposición de uno hacia el otro, ni pensamos que estuviéramos terminando con nuestra libertad.

Recuerdo que antes, cuando terminábamos un llamado, yo decía: "Bueno ¿de aquí a dónde?". Y se armaba que al antro o nos íbamos a Acapulco; llegábamos al Baby'O a la una de la mañana y apenas estábamos empezando la fiesta. Ahora, cuando termina un llamado, dicen: "¿De aquí a donde?". "Yo no sé ustedes, yo a mi casa a ver si todavía encuentro a mi hija despierta". Y es que cuando estaba más chiquita, yo sí me apuraba para llegar y aunque sea un ratito jugar con ella. Y claro, de repente habrá un día en el que se antoje ir a algún lado, pero confío en ti, en que puedo decirte: "Se organizó esto", "Se hizo esto, voy a llegar un poquito más al rato". No pasa nada; no existe el reclamo de con quién te vas, si no vas a llegar, si prefieres estar en otro lado... y no, no prefiero.

Al principio para mí era nuevo andar con un actor, pero lo fui entendiendo y me di cuenta de que tenía que comprender su trabajo y que no me podía afectar, al contrario. Ya después Juan Ángel me prestaba los guiones y me decía: "Chécame los guiones", "¿Te gustan?", "¿No te gusta el personaje?", "¿Lo hago o no lo hago?", y me fui involucrando como él se involucra en lo que yo hago.

Sí, y es muy reconfortante saber que cuento contigo. Como cuando me llegaron al mismo tiempo dos libretos de teatro: uno era una pareja, dos hermanos, una obra muy dramática; y el otro era una cosa más relajada, una obra erótica y más visual. Te lo di a leer y elegiste la erótica. Pasó igual cuando me ofrecieron el *Sólo para mujeres* y me dijiste: "Estás en la edad, ahorita puedes. Más adelante a lo mejor vas a querer. Estás en un muy buen momento. Vas".

Es que pensé que se divertiría. "Vas a disfrutarlo, dale", le dije. Yo también valoro las opiniones que me da porque creo que es muy objetivo, y eso me gusta, aunque a veces me puede doler un poco porque puede hacerme ver mis errores. Pero eso también es parte de que los dos compartimos profesiones: si bien él es actor y yo soy conductora, ambos somos personas públicas y al final nos entendemos y nos apoyamos.

> Tanto en el trabajo como en mi vida personal siempre he sabido qué es lo que quiero y que hay que ponerse a trabajar. Es cierto que somos personas públicas y eso nos ha enseñado mucho en nuestra relación. A lo mejor me tardé en conseguir todo eso que quería, porque te conocí hasta los 31 y nos tardamos también en que llegara la niña, pero llegó cuando tenía que llegar y llegó la que tenía que llegar. Y así nos trae... estamos contentísimos. Yo me siento muy completo, porque creo que la relación de pareja es algo que me equilibra. Por ejemplo, para mí la estabilidad personal es como si fuera un triangulito, en el orden que sea, pero tiene que haber tres cosas básicas: la familia, me refiero a la familia de mis papás, mis hermanos y todos los demás; después está la familia que he formado, que representa mi lado sentimental; y en otra punta del triángulo está el trabajo, que es el lado profesional. Si yo estoy mal en alguno de esos tres componentes, me distraigo, me preocupo. Yo siempre digo que a mí todo se me va a la panza: hay gente que cuando se pone mal, cuando está tensa, le duele la cabeza, o dice que le duele el corazón; a mí no, a mí todo se me va al estómago.

Creo que es importante poder decir cómo nos sentimos respecto a lo que queremos y esperamos en una relación. Nosotros empezamos a vivir juntos pensando en que queríamos estarlo y era nuestra decisión y estábamos enamorados y ya no queríamos vivir el uno sin el otro. Nunca pusimos sobre la mesa el tema de casarnos.

Nunca lo hablamos abiertamente y tampoco lo pensamos a un futuro, porque para nosotros siempre estuvo claro que éramos una pareja. Cuando nos embarazamos también teníamos claro que estábamos formando una familia. Somos una pareja donde hay respeto, tolerancia y amor. Sabemos que estamos aquí por decisión propia, sin que nadie nos obligue ni mucho menos, y que no es tan importante un papel sobre la mesa.

Yo sé que en un momento a mí me hizo un poco de ruido porque aún traía en la cabeza viejas ideas en torno al amor y a las parejas. Varias veces me preguntaron por qué no me casaba, si él quería andar en serio conmigo teníamos que casarnos. Más de una vez entramos en conflicto por no saber cómo presentarnos. A mí no me gusta que me presente como su novia, por ejemplo. Pero entendí que esto es social. ¿Por qué dejo que influya en mí lo que los demás digan? ¿Por qué me tendría que dar más valor o subirme de rango el hecho de tener un papel que lo avale? Pues no: nosotros sabemos lo que vivimos aquí, lo que llevamos, cómo es nuestra vida.

Eso me recuerda que a Héctor Bonilla una vez lo homenajearon y presentó a su mujer de no sé cuántos años como su novia… Para mí, "novia" tiene que ver con la idealización de la relación de pareja, con la parte bonita de estar en una relación. ¿Por qué no tener una novia eterna? Es que parece que todos tenemos que pasar por niveles: primero soy el quedante, luego el pretendiente, después el novio y al final el esposo. Si la gente se quiere casar, que se case, pero no es que todas las personas lo quieran vivir. Lo que he aprendido es que la gente te quiere imponer sus verdades. A nosotros nos ha funcionado de una manera. Y si alguien se quiere casar, yo estaría muy mal si intentara convencerlo de que no, sólo porque a mí me ha funcionado lo contrario.

Sí, yo también comprendí que no necesitaba formalizar nada. Me consta que los dos estamos comprometidos en la relación, que los dos seguimos andando y que nuestros proyectos no se quedarán a medias. Confío en él y sé que él confía en mí. Caminar juntos ha sido una gran aventura.

Y cada quien puede construir su aventura, ya sea en pareja o sin ella. Lo importante es tener claro qué es lo que queremos, y si no lo sabemos, es un buen pretexto para empezar a conocernos a profundidad. Una pareja no llega a nosotros por casualidad, ni es alguien a quien elegimos al azar, ¡las casualidades no existen! Vivir en pareja o tener una relación amorosa y afectiva significa que los dos harán cambios importantes en su estilo de vida, a veces en los proyectos propios, pero sin que esto signifique abandonar aquello en lo que creen o lo que sueñan.

Las relaciones de pareja requieren un trabajo constante, compromiso mutuo y enfrentar conflictos. No se trata sólo de comunicación, sino de comprensión, de empatía, de establecer acuerdos, cumplirlos, modificarlos y saber que las cosas pueden cambiar. Es más ¡las cosas seguro cambiarán! ¿Qué tan dispuestos estamos a aceptar los cambios? ¿Qué tan fuertes seremos para enfrentarlos?

Enamorarse es algo que surge desde la cercanía, de la convivencia, y es algo mágico porque sin darnos cuenta nos sentimos atraídos, hechizados. Pero decidir quedarnos, hacer proyectos juntos, mirarnos a futuro es una decisión que tomamos de manera más consciente, con muchas ganas de permanecer, de quedarnos en las buenas y en las malas.

Navegar juntos es reconocer nuestras fortalezas como pareja, aceptarnos, convertirnos en un equipo, saber que no todo será perfecto, pero que vas a poder entenderlo y avanzar.

Espero que este libro te dé algunas claves para que todo aquello que decidas lo hagas desde el bienestar y las ganas de ser equipo, para que te atrevas a compartir el timón o que disfrutes tu viaje en solitario, pero que sea como tú lo decidas, como tú lo trabajes, como mejor lo disfrutes.

Agradecimientos

Gracias, hermana del alma Kenuchis, por estar en mi vida, por tus ideas y por darme claridad en este camino.

Mi Xaviera ado rada, gracias por las tardes de chai, las risas, las anécdotas, por animarme y acompañarme con tanta pasión en la aventura de escribir este libro. Sin ti no hubiera cumplido el sueño.

Gracias, querida Eloísa, porque desde el día en el que te presentamos la idea creíste en esta locura, por ayudarme a que el libro tuviera orden y por fin saliera a la luz.

Chuyita de mi vida, gracias por tus consejos, las porras, los regaños y por siempre tenerme en tus oraciones.

Mi Cuco, gracias por confiar y darme la libertad de elegir lo que he querido en mi vida.

A mis hermanos Esaúl, Carlangas e Isra por su apoyo y amor siempre, por ser mi ejemplo de familia y pareja. Sin ustedes mi vida no sería tan divertida.

Gracias por imprimir tu magia en la portada, Carlos Medel.

Muchas gracias también a Naomi, Nicole, Moi, Mara y mi adorado Adrián Cue. ¡Los quiero mucho!

A mis suegros Juan y Edith, por ser una pareja tan amorosa, por sus buenos consejos y por enseñarme todos los días que en una pareja hay que aceptar las diferencias.

A *Diálogos en confianza* y *Enamorándonos*, porque si no hubiera escuchado tantas historias de parejas, este libro no habría existido.

A cada uno de los que han compartido sus historias de amor y desamor, gracias a ustedes he aprendido que el amor propio es el motor para vivir como quiero vivir.

¡Gracias a cada uno de ustedes, de corazón a corazón! ♡

Mi historia de amor

Dale like al amor de Carmen Muñoz
se terminó de imprimir en septiembre de 2021
en los talleres de
Litográfica Ingramex S.A. de C.V.,
Centeno 162-1, Col. Granjas Esmeralda, C.P. 09810,
Ciudad de México.